책세상문고 · 우리시대

# 노랫말의 힘, 추억과 상투성의 변주

책세상문고 · 우리시대

# 노랫말의 힘, 추억과 상투성의 변주

김수경

책세상

**노랫말의 힘, 추억과 상투성의 변주** | 차례

이 책을 처음 구상하게 된 것은 2001년 수유연구실에서 작사가 양인자에 대한 짧은 글을 발표하면서부터다. 그 글은 양인자에 대한 본격적인, 최초의 작가론으로 시도해본 것이었다. 양인자가 대중에게 널리 알려지게 된 것은 지금은 전설적인 노래가 되어버린 〈킬리만자로의 표범〉 때문이지만, 그녀는 드라마 작가로 잘나가던 시절부터 다양한 장르의 음악을 넘나들며 주옥 같은 노랫말을 뽑아내는 전문 작사가로 활약하던 시절에 이르기까지 늘 화제를 몰고 다녔던 사람이다. 1980년대를 지나온 사람이라면, 누구나 한번쯤 들어보고 불러봤을 노래, 〈알고 싶어요〉, 〈킬리만자로의 표범〉, 〈서울 서울 서울〉, 〈타타타〉 등이 모두 양인자의 작품이라는 데 다소 의아해할지도 모른다. '결국은 가수만 남는다'는 가요계의 속설을 증명이라도 하듯 대중은 이 노래를 누가 작곡하고 작사했는지에는 별로 관심이 없기 때문이다.

다른 한편, 1980년대 당시 양인자가 작사하고 김희갑이 작곡한 곡을 가장 많이 불렀던 가수, 조용필에 대한 관심 역시 또 하나의 계기였다. 서태지에 비해 그 영향력이나 파급 효과가 결코 적다고 할 수 없음에도 불구하고, 조용필에 대한 연구가 드물다는 사실이 놀랍고도 부당하다는 생각이 들었기 때문이었다. 그가 단순히 인기에만 영합하는 가벼운 가수가 아님을 밝히기 위해, 그의 노래가 가진 다양성과 실험정신, 파급 효과

등을 증명하기 위해 그의 노래 가운데 비교적 주목을 덜 받았던 1980년대 중반 이후의 노래들을 분석하여 구체적 의의를 부여하려 했던 것이다.

　물론 그 출발점에는 학문적인 관심에 앞서 조용필의 노래와 양인자의 노랫말을 사랑했던 젊은 날의 내가 있다. 고전 시가를 전공하면서 직면하는 어려움 중의 하나는 당시의 상황을 온전하게 복원할 수 없다는 점이다. 겨우 노랫말 정도만 남아 있는 옛 노래를 듣고, 이 노래가 어떤 상황에서 어떻게 불려져 어떠한 감흥을 불러일으켰을까를 짐작해보는 일은 지난하기 짝이 없다. 온전한 복원은커녕, 겨우 맞춰본 그림이 정말 옳은지 늘 가늠하고 고민하는 일이 시가 쪽으로 공부의 길을 잡은 내게 평생 주어진 업이다. 그러다 보니 자연히 요즈음의 노래와 흐름에 눈길이 돌려지게 되었다. 지금 우리가 향유하고 있는 노래들이 몇백 년 후의 연구자들에 의해 이렇게 다루어지겠구나 하는 생각 말이다. 그리고 늘 자신 없게 복원하곤 했던 옛 노래 대신 동시대의 노래를 한번 다루어보고 싶기도 했다.

　이 작업을 시작하면서 가장 많이 받은 질문은 왜 이 주제를 선택했느냐는 것이었다. 대답은 우선 무엇보다도 내가 장르와 가수를 막론하고 노래 듣기를 좋아하기 때문이다. 내 또래의 친구들에게 물어보면, 한결같이 송창식, 양희은의 노래는 좋아했지만 남진, 나훈아의 노래는 너무 싫어 치를 떨었다고들 말한다. 청소년기에 접어들어 송창식과 양희은을 알게 되면서부터 나도 남진과 나훈아를 꺼리기는 했지만, 어렸을 때 그들의 노래를 처음 들었을 당시, 즉 아무런 선입견이 없을 때만 해도 〈님과 함께〉나 〈가슴 아프게〉, 〈찻집의 고독〉을 좋아했던 기억이 있다. 지금 생각해보면 송창식과 양희은에 대한 기호가 의식적인 것이었다면, 그 이전에 텔레비전을 보면서 따라 부르던 남진과 나훈아의 노래들은 무의식적으로 내 안에 그냥 흘러 들어왔던 것 같다. 의식을 거치지 않고 몸으로 바로 들어오는 듯한 그런 노래들에 나도 모르게 젖어든 것이다.

다른 하나는, 노래를 들을 때 내가 멜로디보다 노랫말을 주의 깊게 듣기 때문이다. 어쩌다가 노래방에 가서도 노래를 부르기보다는 친구들이 부르는 노래를 들으면서 자막으로 뜬 노랫말만 읽다가 그냥 나오곤 하는데, 그러다 보니 사람들이 자주 부르는 사랑 노래를 즐겨 듣게 된다. 트로트의 가사도 좀 남세스러운 면이 없지는 않지만, 가사의 논리성을 따져보기 이전에, 저도 모르게 '어떻게 저렇게 노랫말을 썼나. 맞아, 저런 심정이 들 때가 있지'라는 마음이 드는 것이다(〈도로남〉[1]의 가사는 정말 감탄스럽다!). 사랑 노래 중에서도 논리성보다는 달콤한 분위기만을 띄우는 것이 있는가 하면, 제법 사랑이 무엇인지 철학적으로 분석하는 것도 있다. 떠나버린 애인을 죽어도 못 잊겠다고 절규하는 노래가 있는가 하면, '그래, 너 가라, 얼마나 잘 사는지 보자' 하고 코웃음 치는 것도 있다. 당대 사랑의 모습을 일정 부분 반영하고 있기도 하고, 의외로 시대를 초월해서 지속되는 면모를 보이기도 한다. 상투적이라면 그 상투성을 음미하면서, 상투성의 기표 뒤에 나름대로의 기의를 채워 넣는 재미도 쏠쏠하다.

귀는 다른 어떤 기관보다 싫증을 덜 내는, 인체에서 가장 보수적인 기관이라고 한다. 더욱이 가장 예민한 시기인 10대 중반부터 20대 초반에 심취한 음악은 결국 인생 전체의 사운드트랙이 되어버린다. 이런 이유로 이동진이 지적했듯 김민기나 송창식을 통해 475 세대론을, 조용필이나 이문세를 통해 386 세대론을 논할 수 있을 터이다.[2] 흔히 386 세대라 일컬어지는 우리 세대를 중심으로 그 이전과 이후는 너무도 확연한 변화를 보인다. 트로트, 포크와 민중가요를 듣는 세대와 댄스 가요와 랩, 힙합을 즐기는 세대. 전혀 다른 두 세대를 모두 이해하고 연결할 수 있다는 데 386 세대의 의미가 있지 않을까. 1980년대의 노래들에는 이전의 흐름을 지속하는 요소와 21세기의 변화를 짐작케 하는 요소들이 공존하고 있기 때문이다. 이런 측면에서 이 책이 작으나마 의미를 갖기를 바란다.

이 책이 나오기까지, 가장 큰 도움을 준 사람은 정우숙 선생이다. 매우 늦게 시작된 사귐이었지만, 지난 10여 년 동안 함께 보고 읽고 생각하며 나눈 이야기로 따진다면 다른 어떤 관계보다도 깊고 넓은 폭이 있었다고 말할 수 있다. 처음 발상부터 책이 완성되기까지 수많은 이야기를 나누고 의견을 교환하고 함께 자료를 검토하고…. 이 책은 물리적으로는 내 손을 통해 나왔지만, 사실 정 선생과의 공동 작업이라고 해야 옳을 것이다. 될 수만 있다면, 우리가 늘 얘기하던 '모든 폄하받는 것들에 대해 나름의 미덕을 찾는' 작업을 함께 해보고 싶다. 이 자리를 빌려 정우숙 선생에게 깊은 감사의 마음을 전한다.

지금까지 대중가요에 대한 연구는 크게 세 가지 경향으로 정리해볼 수 있다. 첫 번째는 작사가, 작곡가, 음악 평론가, 음악 방송 프로듀서 등 대중가요와 직접적인 관계를 맺고 있는 실무자들이 펴낸 회고록이나 대중가요에 얽힌 이런저런 이야기들을 묶어놓은 야사(野史)풍의 글들이다.[3] 두 번째는 강헌, 이동연, 임진모 등 대중문화 비평가들이 쓴, 좀 더 심화되고 비판적인 비평문들이다.[4] 세 번째로는 고전 시가/민요 전공자들이 자료를 수집하고 개념을 정의하여, 대중가요의 발생 등을 본격적으로 탐색하고 연구한 논문들을 들 수 있다.[5]

첫 번째에 해당되는 글을 통해서는, 무겁지 않게 대중가요의 사적 흐름을 엿볼 수 있고 노래의 발생과 유행가의 뒤안길에 숨겨진 이야기들을 발견할 수 있지만 본격적인 연구라고 하기에는 미흡한 점이 많다. 두 번째에 해당하는 글들에서는, 주제나 대상으로 하는 가수, 그룹에 따라 놀라울 정도로 분석적인 글들을 볼 수 있지만, 서태지나 언더그라운드 가수 같은 특정 분야에만 치우쳐 있고 논의가 체계적이지 못하다는 아쉬움이 있다. 이러한 측면에서 세 번째 부류가 가장 본격적이고 통합적인 연구에 가깝다고 하겠으나, 연구의 대상이 일제 강점기의 가요나 대중가요의 발생에 집중되어 있다는 점을 아쉬움으로 지적할 수 있다.

그런데 나는 이러한 세 방향의 연구에서 공통적으로 발견할 수 있는 문제점인, 노랫말 자체에 대한 심층적인 연구가 부족하다는 것에 주목하게 되었다. 한 곡의 노래가 대중 앞에서 불려지는 데는 어떤 것들이 필요할까? 가락, 박자, 노랫말, 가수의 목소리와 스타성 또는 개성, 요즈음에는 여기에 완벽한 안무와, 노래의 분위기를 그럴듯하게 살려주는 뮤직 비디오까지 필요하다. 같은 노래를 다른 가수가 부를 때 전혀 다른 느낌을 주는 걸 보면 노래가 단순히 곡조만은 아니라는 점을 깨닫게 된다.

> 얼마나 세월이 흘러야 저 바다가 산이 될까
> 또 저 산들이 바다가 되면 모두 행복해질까
> 이제 얼마나 더 바보인 척하고 있어야
> 속인 자는 자신을 깨닫게 될까
> —밥 딜런Bob Dylan, 〈Blowing in the wind〉(밥 딜런 작사·작곡)

1960~1970년대 반전 세대의 지극한 사랑을 받았던 이 노래는 미국 9.11 테러 사건 이후 평화의 메시지로서 새삼스럽게 떠올랐다고 한다. 밥 딜런이 2016년 노벨문학상을 수상했다는 사실은 노랫말이 가지는 문학적 의미를 확인시켜준다. 반면 한국에서 노랫말이 받는 대접은 차갑기 그지없다.

밥 딜런의 예까지 들지 않더라도 외국의 경우에는 가사가 먼저 있고 그 가사에서 영감을 받아 곡을 쓰는 경우가 많다. 하지만 우리나라의 경우 가사는 멜로디에 '종속'되는 것이 일반적이다. 가수들도 곡을 더 중요하게 생각하고, 가사는 대수

롭지 않게 여기는 경우가 많다. 신승훈도 가사는 곡이 만들어진 후 녹음 들어가기 몇 분 전에 재빨리 쓴다고 '당당히' 밝힌 바 있다. 이런 상황에서는 멜로디에 맞춰 글자 수를 맞추게 되어 쓸 수 있는 단어가 한정되고 내용이 완결성을 이루기 힘들게 된다.

그렇다면 과연 노랫말은 곡조에 부수되는 존재일까? 굳이 시(詩)와 가(歌)가 분리되지 않았던 우리 가요의 전통을 들먹이지 않더라도, 좋은 노래라면 곡의 아름다움과 가사의 아름다움이 따로 얘기될 수는 없을 터이다. 어떤 노래가 여러 사람들의 입에 오르내리며 대중적으로 인기를 끌 수 있는 것은, 곡의 호소력이나 방송의 힘 외에도, 음미하고 공감할 수 있는 노랫말이 주는 메시지가 큰 역할을 차지하고 있다. 물론 대중가요의 노랫말에 커다란 사회적 책임을 지우거나 그것이 시적 차원으로 승화될 것까지 요구할 수는 없다. 그러나 예전부터 사랑받던 노래들은 곡과 함께 가사 역시 아름다운 것이었다.

가수들의 인터뷰에서는 종종 음악 평론가에 대한 불만이 토로되곤 하는데, 그 주된 쟁점은 왜 노래를 음악 자체로 평가하지 않고 가사만 가지고 비평하냐는 것이다.

〈그날이 오면〉과 〈솔아 솔아 푸르른 솔아〉도 좋아합니다. 저의 유치한 판단으로는 대중음악을 비평하는 사람들 중에서 음악 자체를 비판하는 사람은 거의 없는 것 같아요. 대부분 그 사람들이 얘기하는 것은 가사 밖에 없거든요…음악 비평가들을 비평하자면, 좀 건방진 소리긴 하지만, 기본이 되어 있는 사람은 거의 없다는 것이 제 생각이에요. 과연 어떤 앨범이 어떤 식으로 녹음이 진행되며 어떤 식으로 편곡의 과정이 있고, 이 사람들은 이러한 사운드를 만드는 데 마이크를 어떻게 잡는다든지 그런 것에 대한 지식이라고는 조금도 없는 사람들이 대중음악 비평가로 활동하고 있습니다. 문학적인 수사학보다는 대중음악에 대한 깊은 이해와 대중가수에 대한 애정이 필요한 겁니다…[6]

즉 대중가요 연구에 있어 음악적인 면을 도외시한 채 가사만을 분석하는 평론이 난무한다고 비판하는데, 과연 본격적인 의미에서 가사 연구가 존재했는지도 의문이다. 대표적인 대중음악 연구자인 이영미[7]의 경우 '저항성'을 내포한 노래 쪽에 편중된 경향이 있고, 음악평론가 임진모[8] 작사가 출신의 최리라[9] 등도 노랫말에 대한 본격적인 연구 내지 비평이라기보다는 노랫말이 환기하는 전체적인 분위기의 특성만을 대략적으로 짚을 뿐이다. 가수들이 새 음반을 낼 때마다 일간지의 문화면을 통해 소개되는 글들도 인상 비평의 단계에서 크게 벗어나지는 못하고 있다.

최근에는 재즈나 록에 대한 관심이 높아지면서 이에 관한 평론서나 글이 많이 발표되고 있다. 그러나 가사보다는 음악적인 측면을 중요하게 다루면서 노랫말의 중요성이나 의미에 대해 폄하하는 경향이 보인다. 물론 일반적으로 세련되지 않고, 격조도 높지 않으며, 완성도도 떨어지는 대중가요의 노랫말을 굳이 연구하거나 분석할 필요가 있냐고 반문하는 사람도 있다. 하지만 세련되거나 격조 높지 않다는 것은 대중가요만이 아니라 대중문화 전반의 속성일 수 있다. 대중가요를 논리적으로 따지고 보려는 까닭은 그것이 아주 수준 높은 것이기 때문이 아니라, 대중적이기——다시 말해 당시의 대중들이 자발적으로 좋아했기——때문[10]일 것이다. 그리고 대중이 자발적으로 좋아했다는 것은, 대중가요가 당시 대중이 생각하고 느끼고 좋아했던 무엇인가를 가지고 있기 때문일 것이다.

다른 한편으로, 연구자들 대부분이 대중가요에서 민중의식이나 저항적인 의미만을 읽어내려 한다는 점도 지적할 수 있다. 이는 곧 연구 대상에 대한 엄격한 제한으로 이어지게 된다. 대중가요가 문화의 한 분야로서 연구 대상으로 떠오른 것은 1990년대 초반부터인 듯하다. 그때 활동한 대표적인 평론가로 강헌이나 이영미를 꼽을 수 있는데 이들의 연구를 통해 대중가요가 연구의 대상으로 부각된 것은 반가운 일이다. 그러나 이들이 연구의 영역을 한정시킨 것 또한 사실이다. 이영미의《한국 대중가요사》가 정말 '대중가요'를 대상으로 한 것인가. 대중가요의 본령은 과거부터 지금까지 인생과 사랑의 슬픔을 그린 것, 곧 지극히 통속적인——들으면 가슴이 찢어질 듯한——데 있는 게 아닐까? 심수봉의 〈사랑밖에 난 몰라〉는 낯간지러울 정도로 단순하고 유치하다. 그런데 그 노래는 단순한 노랫말로써 청중을 압도한다. 대중가요는 그렇게 순수하기만큼 통속적인 이미지가 생명이 아닐까?

물론 노래를 부르면서 '아, 우리가 같은 시대를 살고 있구나' 하는 감동을 진하게 느껴본 적은 누구나 있을 것이다. 1980년대를 지나온 사람들이라면 모임이 끝날 때쯤 다같이 일어나

〈선구자〉나 〈아침 이슬〉을 합창하며 서로의 눈빛에서 따뜻하게 전해지던 공감대를 확인하던 순간들이 있었다. 뒤풀이의 장소에서 늘 같은 노래가 불리는 것이 어색하지 않은 것도 노래에 들어 있는 시대정신이 모두의 가슴을 관통하고 있었기 때문이다.

그러나 대중가요는 그것뿐이 아니다. 시대에 대한 공감의 다른 한 편에는 사진만의 추억과 경험에 얽힌 정감이 자리잡고 있다. 〈아침 이슬〉을 함께 부르며, 우리가 같은 시대를 살고 있다는 동시대적 공감대를 진하게 느낄 때가 있는가 하면, 〈사랑이 지나가면〉을 들으며 '아 그래, 나도 정말 그럴 때가 있었지' 하면서 자기만의 슬픔에 잠길 때도 있을 터이다.

이러한 문제의식에서 출발하여, 이 책에서 연구 대상으로 삼은 것은 1980년대 중후반을 풍미했던 발라드다. 다른 장르 또는 다른 시대가 아니라, 굳이 이 시기의 발라드를 연구하고자 하는 까닭은, 그동안 대중가요 연구에서 늘 폄하돼왔던 노랫말을 본격적인 대상으로 삼고자 했기 때문이다. 앞서 지적했던 것처럼 한 곡의 노래가 불려지기 위해서 갖추어야 할 요소는 매우 다양하다. 그러나 다른 요소들만큼이나 노랫말 역시 나름의 비중을 지니고 있고, 그 중요성을 인정하는 가운데 노랫말이 가진 의미가 파악되어야 할 것이다. 물론 노랫말이 가진 문학적 또는 시적인 특성을 강조하기 위해 곡조가 가진 음악적인 면을 도외시하거나 평가절하하려는 것은 아니다. 단지 노랫말의 몫을 철저히 논해보려는 것이다. 느린 곡조 위에 사랑과 이별을 주된 테마로 다양한 각본을 보여주는 1980년대의 발라드는 다른 어떤 장르보다 노랫말의 비중이 크며, 실제로 다양한 노랫말들이 존재하고 있다.

또 다른 이유는 '사회적'이고 '저항적인' 의미망 밖에 놓인 노래들에 주의를 기울이고자 함이다. 왜 늘 연구의 대상이 되는 노래는 민중가요여야 하고, 사회 비판적인 포크송이어야만 하는가? 대중이 진심으로 좋아하고 즐기는 노래는 훨씬 통속적인 것인데도 말이다. 사회적이고 저항적인 노래를 지향하는 연구가 불필요하다는 뜻은 물론 아니다. 그러나 그와는 다른 쪽에 서 있는 노래들에 대한 연구도 그만큼 중요한 것이 아닐까. 노래가 가진 사회적인 힘이 반드시 저항이나 비판에만 있는 것은 아닐 터이다. '기호'나 '취향'이야말로 동시대를 겪은 사람들만이 공유하는 어떤 것이며, 이런 의미에서 특정한 노래에 대한 기호를 시대의 산물, 당대의 문화라고 읽을 수 있을 것이다.

덧붙여 지금까지 대중가요에 대한 연구가 일제 강점기나 서태지의 시대와 같은 특정 시점에만 치중하거나 광범위한 대중가요사 전반을 대상으로 하므로, 연구자들의 시선에서 벗어나 있던 시기로 눈을 돌리려는 뜻도 있다. 1980년대 중반 조용필의 기세가 한풀 꺾이고 댄스와 록이라는 장르가 부상하며 언더그라운드의 새로운 흐름이 서서히 나타나기 시작할 때, 이전부터 저변에서 움직이고 있던 발라드의 융성은 그 당시를 지나온 사람이면 누구나 체험했던 사실이다. 또한 발라드의 기세는 조성모, 왁스, 성시경 등을 통해 그 이후로도 굳건히 명맥을 유지하고 있으므로 그 연원을 짚어보는 것도 의미 있는 작업이 될 것이다.

1980년대 중후반, 발라드가 그렇게 부각될 수 있었던 이유는 무엇이었을까? 20여 년이 지난 지금, 당시의 발라드가 남긴 것은 무엇이며, 어떻게 평가될 수 있을까. 나는 그 해답의 단서가 노랫말의 힘에 있다고 생각한다. 이런 문제를 풀어보고자 하는 것이 이 책의 목적이다.[11]

이를 위해 이 책의 제1장에서는 폭넓은 의미로 받아들여지고 있는 발라드의 개념을 짚어보고, 우리나라에 본격적인 발라드가 어떻게 수입되고 정착되었는지의 연원을 밝힐 것이다. 또한 1980년대 후반 발라드가 융성할 수 있었던 상황도 살펴보고자 한다. 제2장에서는 1980년대 당시 발라드를 대표할 수 있는 네 명의 작사가의 작품을 구체적으로 분석해보고자 한다. 제3장에서는 발라드에 드러난 공통적·핵심적 특성으로 상투성과 구체성, 사랑이라는 주제의 변주, 추억과 기억의 방식에 주목하여 각 요소들이 갖는 미학적, 사회적 의미에 관해 고찰해볼 것이다. 마지막으로 제4장에서 발라드가 가진 특성들이 1990년대 이후 어떻게 지속되고 변모되었는지 간략하게 짚어보면서 글을 맺고자 한다.

제 1 장 ──────── **1980년대 중반의
발라드,
그 위상에 관하여**

## 1. 발라드, 그 다양하고 복잡한

### (1) 발라드의 개념

부담 없이 들을 수 있고, 낭만적이고 감상적인 분위기를 자아내며, 사랑과 이별을 주 내용으로 내면의 아픔을 형상화한다는 것, 그래서 노랫말의 비중이 그만큼 높다는 것을 흔히 발라드의 특징으로 꼽는다. 그래서 언제부터인가 조용한 노래는 무조건 발라드 또는 발라드 풍이라고 일컫는 경향이 생겨났다. 그러나 팝 뮤직에서 발라드는 원래 '느린 템포의 아름다운 사랑 노래'를 가리킨다. '템포'와 '선율'이라는 형태적 특성도 있지만 '남녀간의 연정'을 노랫말로 하는 것이 발라드의 기본이다. 반전 가수 조앤 바에즈Joan Baez의 〈Donna, Donna〉를 발라드라고 하지 않는 것은, 느린 템포의 아름다운 선율을 가졌지만, 사랑 노래가 아니라 반전 메시지를 전하는 자유 찬가이기 때문이다. 이렇게 보면 한국 대중가요의 느리고 낭만적인 노래는 대부분 발라드로 간주될 수 있다. 우리 대중가요의 90% 이상이 사랑과 이별을 소재로 삼기 때문이다.

1980년대 후반 본격적인 발라드의 시대가 오기 전까지, '발라드'라는 말은 매우 넓은 범주로 사용되었으며, 지금도 어디까지를 발라드로 보고 어디서부터 발라드로 보지 않는지에 대한 견해는 서로 엇갈리고 있는 실정이다. 이영미는《한국 대중가요사》에서 1960년대부터 꾸준히 발전해온 이지 리스닝easy Listening과, 화려한 화성과 장조 중심의 포크 음악을 바탕으로 현대인의 복잡한 내면과 절규를 담은 언더그라운드 록의 수혈이 더해져 현대적인 의미의 발라드가 형성되었다고 보았다. 다른 한편, 이우용과 임진모는 트로트가 다소 느려지고 장조를 취하는 경향이 두드러지던 가운데, 1970년대 음반·라디오 시장을 석권했던 스탠더드 팝standard pop(popular)[12]의 영향을 받아 멜로디의 굴곡이 완만해지면서 가사 전달 위주의 발라드가 비롯되었다고 보는 입장이다. 두 견해의 공통점은 발라드를 '느리고 완만하며 다소 화려한 반주를 동반하는 사랑 노래'라는 상당히 느슨한 개념으로 보고 있다는 것이며, 차이점은 스탠더드 팝과 같은 외래적인 영향을 발라드 음악의 주된 기조로 보느냐 아니냐에 있다.

나는 발라드의 형성과 수용에 있어, 라디오를 중심으로 한 팝 뮤직의 영향을 배제할 수는 없다고 생각한다. 이른바 스탠더드 팝은 1960년대에는 이지 리스닝, 1970년대 말부터는 어덜트 컨템포러리adult contemporary로 명칭이 바뀐다. 그러면서 바브라 스트라이샌드Barbra Streisand, 올리비아 뉴튼존Olivia Newton-John 등 당대를 풍미하던 스타 가수들의 노래가 이미 포크를 통해 싹을 틔웠던 발라드의 맥에 자극을 주었을 것은 틀림없는 사실이기 때문이다.

(2) 발라드의 역사와 영향력

서양 음악사에서 발라드의 역사는 매우 깊다. 발라드라는 말은 '춤추다'라는 뜻의 이탈리아어 'ballare'에서 파생되었다고 하는데, 중세에는 춤을 추기 위한 노래를 뜻했으나 곧 춤의 의미는 사라졌고, 16세기에 이르러서는 통속적인 가곡을 가리키는 말로 변모하게 되었다.[13] 음악학자들은 발라드가 통속적이기는 했지만 처음부터 민중적인 것은 아니었으며, 오히려 중상류 계층이 즐기던 가곡을 가리키던 말이었다고 설명하고 있다. 이는 19세기 빅토리아 왕조 시기에 상류 계층에서 불려지던 낭만적이고 감상적인 가곡을 발라드라고 불렀다는 것으로 증명된다. 이후 발라드가 더러 '빅토리아 송'이라 일컬어진 것도 여기에 연유한다.

미국에서 발라드라는 용어는 19세기부터 대중음악의 근간을 이루면서 통용되어왔다. 뉴욕 맨해튼 5번가와 브로드웨이 29번가 사이에 있는 틴 팬 앨리Tin Pan Alley에서 많은 발라드들이 만들어졌는데, 이는 유럽에서 건너온 통속 가곡이 팝뮤직의 하나인 발라드로 바뀐 것이었다. 곧 틴 팬 앨리는 미국 대중음악의 상징적 장소가 되었으며 거기서 만들어진 음악은 이후 스탠더드 팝으로 불리게 되었다. 1940년대에 이르러 스탠더드 팝은 미국 대중음악계에서 위치를 공고히 하게 된다. 프랭크 시내트라Frank Sinatra, 빙 크로스비Bing Crosby, 딘 마틴Dean Martin, 냇 킹 콜Nat King Cole 등 전설적인 발라드 스타들이 이 시기를 주름잡았고 1950년대 이후에도 팻 분Pat Boone, 페리 코모Perry Como, 코니 프랜시스Connie Francis, 자니 마티스Johnny Mathis, 바비 다린Bobby Darin, 앤디 윌리엄스Andy Williams 같은 스타들이 팝 무대를 제패했다.

1950년대 중반까지 미국의 '제도권 대중음악'은 분명 스탠더드 팝, 즉 발라드였다. 흑인들의 블루스Blues와 백인들의 민중가요 컨트리Country, 그리고 전래민요 포크Folk는 제도권 밖에서 민중과 호흡할 뿐이었다. 그런데 1955년을 전후해 블루스와 컨트리가 합쳐진 새로운 음악 로큰롤Rock'n'roll이 등장하면서 스탠더드 팝은 궁지에 몰리기 시작했다. 로큰롤의 기세에 스탠더드 팝과 발라드는 기가 꺾이는 듯했지만 그렇다고 패배하지는 않았다. 로큰롤의 황제인 엘비스 프레슬리Elvis Presley가 1958년부터 〈It's now or never〉, 〈Can't help falling in love with you〉 등의 발라드를 부르게 된 것이다. 스탠더드 팝을 수용하면서 그는 젊은 층뿐 아니라 모든 계층에 두루 어필하게 된다.[14]

발라드를 근간으로 하는 스탠더드 팝은 1960년대에는 이지 리스닝, 1970년대 말부터는 어덜트 컨템포러리로 명칭이 바뀌면서 바브라 스트라이잰드, 올리비아 뉴튼존, 배리 매닐로 Barry Manillow, 앤 머레이Anne Murray 등의 스타를 배출했다. 이때는 엘비스 프레슬리 같은 로큰롤 스타라도 한두 곡쯤은 발라드를 부르는 것이 관례가 되었으며 그 발라드가 록 스타의 대표작이 되는 사례도 빈번하게 나타났다. 일례로 하드 록을 구사했던 록 가수 빌리 조엘Billy Joel이, 〈just the way you are〉, 〈honey〉 등의 발라드 풍 곡으로 인기를 더했으며, 많은 록 밴드들도 발라드에 손길을 뻗쳐 록발라드가 양념처럼 앨범에 수록되곤 했다. 흑인 음악인 블루스도 발라드의 기조에 의탁하는 경향이 두드러져 1960년대부터는 발라드 풍의 리듬앤드블루스가 많이 만들어졌다. 특히 모타운 레코드 사가 이에 적극적으로 나서 마빈 게이Mavin Gaye, 다이애나 로스Diana Ross와 1970년대의 스타였던 라이오넬 리치Lionel Richie 등 수많은 흑인 리듬앤드블루스 가수들이 발라드를 불렀다.

이와 같은 미국의 스탠더드 팝이 라디오 음악 프로그램을 통해 우리나라에 전파되면서, 1960~1970년대부터 발라드에 대한 관심이 일반 청중과 음악인들 사이에 번져나갔다. 한때 우리에게 사랑받았던 엘비스 프레슬리의 〈Can't help falling in love with you〉, 카펜터스Carpenters의 〈The end of the world〉, 자니 호튼Johnny Horton의 〈All for the love of a girl〉, 레이 찰스Ray Charles의 〈Can't stop loving you〉 등은 모두 컨트리 발라드에 해당되는 곡으로 1960년대에 큰 인기를 얻었다. 헤비메탈 그룹의 경우에도, 국내에서 인기 있는 곡은 스콜피온스Scorpions의 〈Still loving you〉, 딥 퍼플Deep Purple의 〈Soldier of fortune〉, 주다스 프리스트Judas Priest의 〈Before the dawn〉 등 발라드 계열이 대부분이다. 이같은 사실은 우리나라 음악 애호가들이 다른 어떤 장르보다 발라드를 좋아하고 느낄 줄 안다는 것을 보여준다.

발라드가 우리에게 환대를 받는 데는 여러 요인이 복합적으로 작용했겠지만, 그중의 하나로 꼽을 수 있는 것이 방송의 영향력이다. 한국전쟁 후 이 땅에 진주한 미군과 함께 팝 문화가 뿌리를 내리기 시작하면서, 패티 페이지Patti Page의 〈I went to your wedding〉, 〈Changing partner〉 등 컨트리 풍의 발라드가 소개되었다. 컨트리 발라드의 단순하면서도 애조 띤 선율은 전쟁 직후 우리 국민들의 메마른 정서를 어루만져 주면서 사랑받았다.

1960년대 이후 민간 방송사의 출현과 함께 팝 프로그램들이 하나씩 생기기 시작했다. 방송 편성자들이 가사 전달력이 높은 곡을 선곡하다 보니 자연스럽게 발라드가 주종을 이루게 되었다. 방송의 주도적 역할에 따라 1960~1970년대 사랑을 받았던 노래들은 대부분 애상조의 느린 곡이었다. 특히 1970년대에는 우리나라에서도 바브라 스트라이잰드나 라이오넬 리치, 배리 매닐로, 앤 머레이 같은 대형 가수들의 발라드가 폭발적인 인기를 끌었고, 앞서 지적했듯 헤비메탈 그룹들의 노래 가운데서도 발라드 풍의 곡들이 사랑을 받으면서 발라드의 영향은 서서히 커지게 된다. 곧 우리나라 가수들 사이에서도 발라드 풍의 깨끗한 창법을 선호하는 가수들이 등장하게 되고, 음악인들은 스탠더드 팝적인 발라드를 우리 가요에 적용시키려는 시도를 하기 시작했다.


## 2. 발라드의 한국적 토착화

1970년대가 포크, 록 등의 새롭고 다양한 양식들을 실험해보는 한편 트로트의 기세가 여전했던 시기였다면, 1980년대 가요계는 조용필이라는 거인에 의해 잠시 평정되는 시기라고 할 수 있다.[15] 그러나 1980년대 전반기가 유일무이한 슈퍼스타 조용필의 시대라면 후반기는 이른바 발라드의 시대라고 규정해도 무리가 없을 것이다.[16] 발라드에서 최성수와 김종찬, 이광조, 이문세 등이 등장하고 댄스뮤직에서는 김완선과 나미, 박남정, 트로트에서는 주현미가 등장한 이 시기는[17] 흔히 1980년대 초부터 불어닥쳤던 조용필이라는 폭풍에서 서서히 벗어나는 시기라고 논의된다. 물론 조용필은 여전히 슈퍼스타였지만, 그를 주축으로 했던 1980년대 초반의 가요계 구도는 조금씩 낡아가는 느낌이 들기 시작했다. 즉 조용필이 독점하다시피 했던 가요계의 판도가 점차 분화되고 있었던 것이다. 이영미는 발라드와 댄스뮤직, 트로트 가운데 주도권을 잡은 것은 단연 발라드라고 설명한다. 곧 1980년대 초반 대중을 사로잡았던 조용필의 강렬한 음악이 발라드의 출현으로 인해 조용하고 부드러운 음악으로 바뀌어갔다는 것이다.

우리나라 대중가요계에서 발라드라는 말은 서양의 어원과는 무관하게, 느리고 선율적인 사랑 노래라는 뜻으로 쓰이고 있다. 이렇게 본다면 1960년대 이지 리스닝의 상당 부분도 발라드에 포함시킬 수 있으며, 실제로 그렇게 분류하는 사람도 없지 않다. 그런 이유에서 1980년대 이후의 발라드들을 팝 발라드——1960년대의 발라드보다 더 대중적이라는 의미가 아니라 팝송과 비슷한 화려하고 세련된 질감을 가지고 있다는 뜻으로 보인다——라고 부르기도 한다(이런 의미에서 넓은 범주의 발라드에 속하는 음악은 오래전부터 우리 대중가요의 한 부분이었다고 볼 수 있다).

그러나 현재 우리가 사용하고 있는 좁은 의미의 발라드에 좀 더 근접한 노래로는 1982년 이용의 〈잊혀진 계절〉, 1984년 이선희의 〈J에게〉, 1986년 최성수의 〈남남〉 등을 꼽을 수 있다. 이런 노래들이 텔레비전과 라디오 방송에 힘입어 독자적인 영역으로서의 가능성을 확인했고——그때까지만 해도 이런 노래를 발라드라고 하지 않았다——이후 이광조, 이문세, 이정석 등의 성공에 힘입어, 발라드는 대중가요의 한 흐름으로 정착되어 갔다.

본격적인 발라드 열풍은 1986년 이광조의 〈가까이 하기엔 너무 먼 당신〉에서부터 시작되었다고 볼 수 있다. 블루스를 기조로 한 발라드인 이 곡은 아직 발라드가 등장하지 않았던 가요계의 허를 찌르며 단숨에 정상을 정복했다. 이광조의 시도가 뜻밖의 성공을 거둔 데 자극을 받아, 1987년에는 이문세가 4집 앨범에서 종전의 뉴웨이브 스타일에서 과감히 발라드로 전환했다. 이 앨범에 실린 〈사랑이 지나가면〉, 〈이별 이야기〉, 〈그녀의 웃음소리뿐〉 등이 크게 히트하면서 발라드 열풍의 기폭제 구실을 하게 되었다. 여기에 힘입어 이정석의 〈사랑하기에〉, 조덕배의 〈꿈에〉, 최성수의 〈애수〉, 조용필의 〈그대 발길 머무는 곳에〉, 임지훈의 〈사랑의 썰물〉, 조하문의 〈이 밤을 다시 한번〉, 김종찬의 〈사랑이 저만치 가네〉 등이 발표되면서 가요계는 발라드 열풍에 휩싸이게 되었다. 1990년대에도 그 맥은 이어져 조정현, 김민우, 변진섭, 신승훈, 이승환 등 이른바 발라드 전문 가수를 배출시켰다.

이 시기, 흔히 '세련된 분위기'의 발라드를 가꾸어낸 사람들은 모두 화성과 선율을 유려하게 다루었고 바로 그 점에서 1960~1970년대의 단순한 이지 리스닝과 구별된다.[18] 이정선은 화성과 선율이 단순했던 1970년대의 포크 음악을 짜임새와 입체성이 풍부한 음악으로 발전시키고, 다시 거기에서 흑인들의 음악인 블루스로 이동한 사람이다. 또한 김명곤은 록 밴드에서, 유재하는 록 밴드와 클래식 음악을 통해 건반 악기를 다루며 화성과 선율 다루는 능력을 향상시켜왔다. 이들은 백인 음악인 스탠더드 팝과 포크, 흑인 음악인 블루스와 록 등에서 새로운 화성 감각을 익혀 이를 바탕으로 화려한 선율을 구사했다. 이문세의 〈가로수 그늘 아래 서면〉에서 보여주는 자유자재의 조 옮김, 유재하의 〈사랑하기 때문에〉에서 피아노와 현악기가 만들어내는 화려함, 유재하의 〈그대 내 품에〉의 재즈 화성 등은 이전의 노래들에서는 찾아보기 힘든 섬세하고 세련된 느낌을 만들어냈다. 이들을 거치고 나서야 비로소 변진섭의 시대가 시작된다. 이문세와 유재하의 섬세한 긴장감에 비한다면 좀 더 편안해지고 다소 정형화된 감이 없지 않으나, 변진섭의 등장으로 발라드는 라디오에서 텔레비전으로 무대를 확장해 주류 한복판을 차지하게 되었다.[19] 이후 이승철, 이상우, 김민우, 이승환, 윤상 등의 발라드 스타 군을 통해 팝 발라드는 고급스러움과 부드러움, 화려함을 마음껏 과시하며 최고의 인기 상품으로 떠오르게 되었고 이는 결국 1990년대 신승훈 신드롬으로 이어지게 된다.

이같은 발라드 붐에서 간과할 수 없는 것이 FM방송의 주도적인 역할이다. FM방송은 가요를 대거 편성에 끼워 넣으면서

포맷에 맞는 가요 레퍼토리 선정에 고심하게 되었고, 자연스럽게 선택된 것이 발라드다. 즉 애상조의 트로트나 시끄러운 록에 비해 듣기 편한 발라드 가요가 FM방송에 적합했기에 더 널리 자주 보급될 수 있었던 것이다.

그러나 이와 같이 발라드곡이 갑자기 폭발적으로 증가하게 되자, 조용하고 부드러워 부담 없이 들을 수 있으면서도 내면의 아픔을 호소하듯 정화한다는 발라드 본연의 측면이 상실된 채, 별 뜻 없이 슬픈 정조만 강조하는 노래들이 대량 생산·유포되게 되면서 발라드에 대한 인식이 한 차원 낮아지는 결과를 초래하게 된 면도 없지 않다.[20]


## 3. 발라드의 힘, 노랫말

발라드의 연원을 살펴보면, 그 내용적 특징이 "단 하나의 상황에 초점을 맞추는 드라마틱한 이야기"에 있다고 한다. 즉 긴 사연을 지닌 듯한 이야기가 압축되어 제시된다는 것이다.[21] 1980년대에 각광받기 시작한 우리 발라드의 특징 역시 이전과 차별성을 보이는 노랫말에 있다. 느리게 진행되는 곡을 즐기면서 동시에 그 가사가 담고 있는 슬픔의 정조와 추억의 풍경들을 음미하고 공감할 수 있었기에, 발라드는 부담 없이 받아들여졌고 또 널리 퍼져 대중의 사랑을 받게 된 것이다.

아 당신은 당신은 누구시길래

내 맘 깊은 곳에 외로움 심으셨나요

그냥 스쳐 지나갈 바람이라면

모르는 타인들처럼 아무 말 말고 가세요

잊으려 하면 할수록 그리움이 더욱 하겠지만

가까이하기엔 너무 먼 당신을 난

난 잊을 테요

　—이광조, 〈가까이하기엔 너무 먼 당신〉(이광조 작사·이태열 작곡)


남들도 모르게 서성이다 울었지 지나온 일들이 가슴에 사무쳐

텅 빈 하늘 밑 불빛들 켜져가면 옛사랑 그 이름 아껴 불러보네

찬 바람 불어와 옷깃을 여미우다 후회가 또 화가 난 눈물이 흐르네

누가 물어도 아플 것 같지 않던 지나온 내 모습 모두 거짓인걸

이제 그리운 것은 그리운 대로 내 맘에 둘 거야

그대 생각나면 생각난 대로 내버려두듯이


흰 눈이 내리면 들판에 서성이다 옛사랑 생각에 그 길 찾아가지

광화문 거리 흰 눈 덮여가고 하얀 눈 하늘 높이 자꾸 올라가네

사랑이란 게 지겨울 때가 있지 내 맘에 고독이 너무 흘러 넘쳐

눈 녹은 봄날 푸르른 잎새 위에 옛사랑 그대 모습 영원 속에 있네

　—이문세, 〈옛사랑〉(이영훈 작사·작곡)

언젠가 너의 집 앞을 비추던 골목길 외등 바라보며
길었던 나의 외로움의 끝을 비로소 느꼈던 거야
그대를 만나기 위해 많은 이별을 했는지 몰라
그대는 나의 온몸으로 부딪쳐 느끼는 사랑일 뿐야
―김민우, 〈사랑일 뿐야〉(박주연 작사·하광훈 작곡)


그 얼마나 오랜 시간을 짙은 어둠에서 서성거렸나
내 마음을 닫아둔 채로 헤매이다 흘러간 시간
잊고 싶던 모든 일들은 때론 잊은 듯이 생각됐지만
고개 저어도 떠오르는 건 나를 보던 젖은 그 얼굴
아무런 말없이 떠나버려도 때로는 모진 말로 멍들이며 울려도
내 깊은 방황을 변함없이 따뜻한 눈으로 지켜보던 너
너에게로 또다시 돌아오기까지가 왜 이리 힘들었을까
이제 나는 알았어 내가 죽는 날까지 널 떠날 수 없다는 걸
―변진섭, 〈너에게로 또다시〉(박주연 작사·하광훈 작곡)


　발라드의 물꼬를 튼 히트곡이기는 하지만 〈가까이하기엔 너
무 먼 당신〉의 경우, 제목을 넘어서는 의미를 노랫말에서 읽어
내기가 어렵다. 이에 비해 좀 더 복잡해진 내면, 좀 더 주관적인
정서, 좀 더 구체화된 가사를 보여주는 노래를 이문세나 김민
우, 또는 변진섭에게서 찾을 수 있다. 김민우, 변진섭, 이덕진,
이주원, 윤종신 등 주로 젊은 남자 가수들에 의해 불려진 박주
연의 노래는 구체적이고 현실적인 상황을 배경으로 구어체적
표현을 잘 살리고 있다. 〈너에게로 또다시〉가 사랑하는 너와

이별을 했다가 다시 돌아오기까지의 과정을 그린 것이라면, 〈사랑일 뿐야〉는 "그대를 만나기 위해 많은 이별을 했는지 몰라"가 말해주듯 그대를 만나기까지의 지난한 과정을 그렸고, 윤종신이 부른 〈너의 결혼식〉은 사랑했던 여인의 결혼식을, 〈오래전 그날〉은 결혼한 옛 애인과 그녀의 남편을 우연히 만난 이야기를 그리고 있다.[22] 이러한 노래들은 이전에 비해 매우 구체적으로 상황을 설명할 뿐 아니라——단순한 이별 후의 심경만이 아니라 이별의 상황, 이별의 과정까지 상세하게 그려진다——, 표현 역시 막연하고 모호한 애상을 넘어서서 실제적인 감정을 반영한다.

사랑을 나눌 때의 황홀한 기쁨이나 이별 뒤의 하늘이 무너질 듯한 슬픔을 다룬 노래가 발라드에 국한되는 것은 아니다. 트로트, 포크, 댄스뮤직에 이르기까지 모든 노래의 주제가 사랑이라는 것은 주지의 사실이다. 그러나 1980년대 중반 발라드의 선풍에는, 이전과는 다른 노랫말의 실험과 그 성과가 적지 않은 역할을 했다. 당시 발라드 노랫말의 힘이 무엇이었는지는 다음 장에서 상세하게 살펴보겠다.

# 제 2 장

# 박건호와 양인자, 박주연과 이영훈

## 발라드의 대표적 작사가들

현란한 수사가 아니라 평범한 일상어를 사용한 노랫말임에도 그 속에 아무나 흉내낼 수 없는 창의성과 통찰력이 번득이고, 솔직 담백하고 구체적인 표현 속에 시대를 관통하는 보편적 정서가 흐르며, 노랫말의 운율이 곡의 선율과 충돌하지 않고 처음부터 하나였던 것처럼 자연스럽게 흐르는 곡을 우리는 흔히 명곡이라 부른다.

인간이 생각해낼 수 있는 멜로디는 모두 시도해봤다는 비틀즈도 삶과 사랑, 그리고 인간에 대한 재기 넘치는 노랫말이 아니었다면 그토록 많은 사랑을 받을 수 있었을까? 〈yesterday〉의 서정성, 〈Let it be〉의 철학적 세계관, 〈Come together〉의 사회 지향성에 이르기까지, 그들의 노랫말은 멜로디와 분리했을 때도 한 편의 훌륭한 시가 될 정도다.

대중가요사에서 작사가는 헤아릴 수 없이 많지만 자기만의 세계를 구축하고 있는 개성적인 작가는 손에 꼽을 정도다. 우리 가요계에도 반야월을 비롯하여 유호, 한산도, 월견초, 정두수 같은 훌륭한 작사가들이 많이 있었다. 그러나 오늘날 전문 작사가를 찾기가 힘들다는 말이 나오는 것은, 그동안 우리 가요계가 가수나 작곡가에 비해 작사가에 대한 대접에 소홀했음을 반증하는 것이다. 작곡가들이 작사도 함께 하는 경우가 많고 전문 작사가가 아닌 사람들도 손쉽게 노랫말을 만들곤 하는 풍토는 노랫말의 중요성을 인식하면서도 전문 작사가에 대한 투자와 처우의 소홀로 이어졌다. 곡만 완성되면 노랫말은 대강 만들어도 별 무리가 없었기 때문에 점차 노랫말을 안이하게 생각하는 풍토가 자리 잡게 되었고, 전문 작사가의 출현도 어려워졌던 것이다.

1999년 《월간 조선》 11월 호에서는 한국음악저작권협회에 소속된 현역 작사가와 작곡가 100명을 상대로 20세기 최고의 가수와 작사가, 작곡가를 선정하는 설문조사를 실시했다. 그 결과 최고의 노래는 〈돌아와요 부산항에〉가, 최고의 가수는 조용필이, 최고의 작곡가는 박춘석이 뽑혔다. 이때 최고의 작사가로 뽑힌 사람이 반야월(37명)이고, 이후 박건호(36명), 양인자(23명), 박주연(18명), 김민기(12명) 순이었다. 반야월과 박건호가 전문 작사가가 흔치 않았던 시기를 대표하는 다작 작사가라면(박건호의 작품은 3,000편을 넘어선다), 양인자와 박주연은 작품 수가 그 정도로 많지는 않지만 구체적인 자기 세계를 뚜렷하게 보여주고 있다는 점이 구별된다.

이들의 공통점이라면 무엇보다도 노랫말에서 구체적인 상황을 제시하고 있다는 점이다. 반야월의 "화약 연기 앞을 가려 눈 못 뜨고 헤매일 때/당신은 철사줄로 두 손 꽁꽁 묶인 채로/뒤돌아보고 또 돌아보고"(〈단장의 미아리 고개〉), "천둥산 박달재를 울고 넘는 우리 님아/물항라 저고리가 궂은 비에 젖는구려/왕거미 집을 짓는 고개마다 구비마다"(〈울고 넘는 박달재〉), "열여덟 딸기 같은 어린 내 순정/너마저 몰라주면 나는 나는 어쩌나"(〈소양강 처녀〉)는 지금도 노래방이나 술자리에서 쉽없이 불리는 고전의 하나다. 한때 이범희와 짝을 지어 인기 순위 차트를 휩쓸다시피 했던 박건호의 "지금도 기억하고 있어요/시월의 마지막 밤을"(〈잊혀진 계절〉), "그 언젠가 나를 위해 꽃다발을 전해주던 그 소녀/오늘따라 왜 이렇게 그 소녀가 보고 싶을까"(〈단발머리〉), "그저 바라만 보고 있지/그저 눈치만 보고 있지/늘 속삭이면서도 사랑한다는 그 말을 못해"(〈빙글빙글〉)나, 이덕진·변진섭·윤종신·김민우·임창정 등 젊은 남자 가수들에 의해 절규하듯 불렸던 박주연의 "널 만났다는 건 외롭던 날들의 보상인걸/그래서 난 맞이하게 된 거야/그대라는 커다란 운명"(〈내가 아는 한 가지〉), "어색해진 짧은 머리를 보여주긴 싫었어/손 흔드는 사람들 속에 그댈 남겨두기 싫어"(〈입영열차 안에서〉) 등은 모두 구체적인 상황을 구체적인 언어로 표현하고 있다.

그렇다면 구체적 상황을 표현하기만 하면 좋은 노랫말이라 할 수 있을까. 노래는 가슴으로 느끼는 것인 만큼 노랫말 역시 머리가 아닌 가슴과 피부로 파고드는, 즉 듣는 사람이 공감할 수 있는 정서를 노래해야 할 것이다. 구체적인 언어와 표현 속에 당대를 관통하는 보편적 정서가 흘러야 함은 대중가요의 본질이며, 1980년대 중반에 불려진 발라드의 노랫말이 시대를 초월해서 갖는 힘도 여기에 있을 것이다.

이 장에서는 발라드의 노랫말이 갖는 특성을 바탕으로 1980년대 중반에 활발하게 활동했던 작사가들을 중점적으로 살펴보고자 한다. 이를 통해 발라드의 융성기에 작사가가 발휘했던 영향력을 가늠해보고, 아울러 우리 대중가요사에서 전무하다시피 했던 작가론에 한 걸음 다가가려는 것이 이 장의 목적이다.

## 1. 박건호[23]와 양인자[24] ― 발라드가 아닌 발라드

엄밀하게 말해서, 이 두 사람이 발라드만을 창작했던 것은 아니다. 그러나 이들은 1980년대를 양분했을 때 전기와 후기를 대표하는 가장 대표적인 작사가로서, 발라드가 정착되고 대중에게 널리 인식되는 데 큰 영향을 미쳤다. 그들은 아직 발라드가 우리 가요계의 주류로 편입되기 전, 조용필의 시대와 발라드의 시대를 연결하는 중요한 역할을 한 것으로 평가된다. 1980년대 전반 수백 편의 노래를 쓰고 히트시켰던 박건호와 1980년대 후반에 발표된 조용필의 노래 대부분을 작사한 양인자의 노랫말 가운데는 발라드의 감수성과 세계관에 그대로 맞아떨어지는 것이 상당수 있다. 그들의 노랫말이 함유하고 있는 정서에는 분명 발라드, 그것도 1980년대 후반에 발견되는 수준 높은 발라드와 공유하는 부분이 있다. 그럼에도 불구하고 아무도 이들의 노래를 발라드라고 생각하지 않으며, 따라서 연구자들이 1980년대 중·후반을 논의하면서도 배제하기 일쑤다. 그 까닭은 노랫말이 발라드의 감성을 가지고 있는 데 비해, 음악적으로는 그 노래들을 발라드의 범주에 넣기 어렵기 때문이다.[25]

이들이 발라드의 감성을 지닌 가사를 얹어 히트시켰던 음악 양식은 주로 '슬로우 고고'라는 것인데, 슬로우 고고의 '고고'는 록에서 파생된 디스코 전(前) 단계의, 디스코보다는 좀 느린 춤곡이다. 그런데 여기에 '슬로우'가 붙었으니, 슬로우 고고는 상당히 느리고 음조의 구성이 완만한 음악이라고 할 수 있다.

이러한 양식은 우리가 흔히 '뽕짝'이라고 하는 트로트와 비슷하게 들린다. 하지만 2/4박자가 아니라 4/4박자가 중심이 된다는 점에서 트로트보다는 멜로디의 굴곡이 완만하다. 이러한 슬로우 고고 양식을 일부 가요 제작자들은 '스탠더드 뽕'이라고 부르기도 했는데, 이것은 트로트의 표현 방식이 많이 남아 있는 느린 양식으로서, 스탠더드 팝의 요소와 뽕짝, 즉 트로트의 요소가 결합된 형태라는 말이다.

물론 슬로우 고고는 이후 본격적인 발라드에서 보여주는 화려한 선율과 세련된 분위기와는 다르지만 '느리고 완만하며 절정 부분이 있다'는 점에서 넓은 의미의 발라드와 유사하다. 이렇게 음악적으로도 그다지 멀지 않고, 노랫말의 측면에서도 친연성을 보임에도 불구하고 우리는 박건호와 양인자가 작사한 노래를 발라드라고 하지는 않는다. 박건호의 경우는 이종찬과 이선희, 이용을 통해 발라드의 전 단계, 또는 시발점 정도로 평가되기도 하지만 양인자는 발라드의 전 단계로도 평가되지 않는데, 그것은 그녀의 노래를 주로 불렀던 조용필이나 김국환을 발라드 가수라고 보기 어렵기 때문이다. 김국환은 명백한 트로트 가수고, 조용필의 경우는 연구자에 따라서 후기 작인 〈그대 발길 머무는 곳에〉를 발라드로 보는 사람도 있으나,[26] 그를 종횡무진, 다재다능한 가수라고는 해도 발라드 가수라고 하지는 않는다.

이러한 이유들로 인해, 양인자가 노랫말을 쓴 곡은 그저 조용필의 노래 가운데 특이한 몇 곡으로 여겨질 뿐이다. 그러나 구체적인 상황을 설정하고 구체적인 언어로써 사랑과 이별의 정감을 표현한 그녀의 노랫말은, 발라드의 전 단계라고 하는 이선희,[27] 이용, 최성수의 노랫말과 유사하거나 더욱 발전된 형태이며 본격적인 발라드 세대 작사가인 이영훈이나 박주연의 노랫말과 동일한 범주에 놓인다고 볼 수도 있다. 즉 박건호와 더불어 양인자의 노랫말은 발라드 전 세대와 현대적 의미의 발라드를 연결하는 징검다리의 역할을 했던 것으로 보아야 한다.

(1) 다양한 장르의 망라—다작형 박건호, 문학소녀 양인자

해마다 가을이 깊어가는 10월 31일이면 어김없이 흘러나오는 노래, 〈잊혀진 계절〉의 묘미는 뭐니 뭐니 해도 "시월의 마지막 밤"이라는 구절에 있다. 이 구절이 없었다면 지난 20년 동안 이 노래가 지속적으로 사랑을 받을 수 있었을까? "한마디 변명도 못하고 잊혀져야" 했던 이별의 순간은 "시월의 마지막 밤"이라는 표현으로 인해 추상을 벗어나 구체성을 띠면서 누구나 지니고 있음직한 추억의 한 장을 고스란히 떠올리게 하는 것이다.

작사가 박건호는 지난 반세기 동안의 우리 대중가요사를 정리할 때 빠져서는 안 될 작사가들 중의 한 명으로 언급되곤 한다. 특히 이미 완성된 멜로디의 물결을 타면서 평범한 일상어들을 가지고 주제를 새롭게 소화해내는 점이 높이 평가되고 있다. 그가 노랫말을 붙인 곡은, 〈이산가족 찾기〉 방송에 흐르던 설운도의 〈잃어버린 30년〉, 여름 해변의 캠프파이어에서 빠짐없이 나오는 박인희의 〈모닥불〉, 청소 차의 스피커에

서 울려 퍼지던 〈아! 대한민국〉, 젊은 오빠 조용필이 열창하던 〈단발머리〉와 소방차가 텀블링을 하면서 외치던 〈그녀에게 전해주오〉, 사랑의 슬픔을 노래한 최진희의 〈우린 너무 쉽게 헤어졌어요〉, 디스코장을 꽉 채우던 김종찬의 〈토요일은 밤이 좋아〉 등 3,000곡이 넘는다. 그의 노랫말은 한 작가의 작품이라고는 도저히 믿기 어려울 정도로 다양한 장르를 망라하고 있다.

양인자도 비슷하다. 1980년대를 지나온 사람이라면 누구나 한 번쯤 들어보고 불러보았을 이선희의 〈알고 싶어요〉, 조용필의 〈킬리만자로의 표범〉, 김국환의 〈타타타〉가 모두 양인자의 작품들이다. 〈알고 싶어요〉는 '나는 당신을 사랑한다. 그런데 왜 나를 떠나가느냐, 슬프다, 잊지 못하겠다'는 식의 전통적(?)인 사랑 노래에서 벗어나 '그대를 사랑하는 만큼 나도 그대의 마음을 알고 싶다'는 '발칙한' 대사로 당시 세간의 화제가 되었던[28] 노래다. 물론 '달 밝은 밤에 생각하는 그대'나 '잠들면 꾸는 그대의 꿈' 같은 진부함이 묻어나기도 하지만, 이후에 이어지는 '일기장에 내 얘기도 쓰느냐', '참새처럼 떠들어도 여전히 귀여운가', '바쁠 때 전화해도 내 목소리가 반가운가' 같은 구체적인 물음은 지금 봐도 매우 신선하게 느껴진다.

잘 알려진 바와 같이 조용필의 〈킬리만자로의 표범〉은 6집까지 쉼 없이 히트를 기록했던 조용필이 다소 침체기에 빠져있을 때 그를 '살려준' 노래라고 할 수 있다. 사실 그 이전만 해도 조용필은 중고등학교 소녀들이나 장년층에게만 인기가 있었지 김민기나 양희은과 같은 반열에서 대학생들의 관심을 끌지는 못했었다. 사회 분위기가 어수선했던 당시, 젊은층의 마음을 대신하는 듯한 이 노래의 노랫말은 큰 화제를 불러일으키며 대학가에서도 인기를 얻기 시작했다. 6분이나 되는 긴 노래가 타이틀로 선택된 8집은 대성공을 거두었고, 조용필이 이른바 '국민가수'로 성장할 수 있는 밑거름이 되었다.

〈타타타〉는 당시 최고의 인기였던 MBC 주말연속극 〈사랑이 뭐길래〉에 삽입되면서 23년간 무명 가수로 생활했던 김국환의 설움을 단번에 날려버린 노래다. 남편에게 갖은 구박을 받고 살면서 애지중지 길러온 아들을 결혼시킨 뒤 허탈감에 빠져 있는 '대발이 엄마' 김혜자의 마음을 달래주는 이 생소한 노랫말이 '같은 심정으로 살아가던' 수많은 중년 주부들의 마음을 사로잡으면서 음반은 품절 소동까지 벌어졌었다.

이와 같이 박건호와 양인자는 장르를 망라한 다양한 작품들을 발표했다는 공통점을 보인다. 다만 박건호가 3,000곡이 넘는 작품을 발표하면서 전문 작사가가 흔치 않았던 시기를 대표하던 다작 작사가였다면, 양인자는 상대적으로 작품 수는 적지만 좀 더 세분화된 자기 세계를 보여주고 있다는 점이 구별된다.


(2) 친숙한 느낌, 그림이 그려질 듯한 구체적인 표현
표현 방식으로 볼 때 두 사람의 노랫말이 가진 가장 큰 특징은 '구체성'이다. 먼저 박건호의 경우, 그의 노랫말에 숨어 있는 전제는 단순함이다. 복잡하게 돌려서 말하지 않고 의도를

숨기지도 않는 것, 그래서 있는 건 있다 하고 없는 건 없다고 하는 것이 바로 그가 만든 노랫말의 대표적인 특성이다. 그는 노랫말이 가진 생명을 대중성에 놓고, 노랫말과 시는 다르다는 전제 속에서 청각적인 요소 내지는 맛에 중점을 두었다. 곧 시와 달리 노래는 눈으로 읽을 때보다 소리로 들었을 때 그 묘미가 살아날 수 있어야 한다고 본 것이다.

아이 때는 젖 주면 좋아하고 아하
아이 때는 노는 걸 좋아하고
저 가는 세월 속에 모두 변해가는 것
그것은 인생
철이 들어 친구도 알게 되고 아하
사랑하며 때로는 방황하며
저 가는 세월 속에 모두 변해가는 것
그것은 인생
— 최혜영, 〈그것은 인생〉(박건호 작사·이범희 작곡)

그녀에게 전해주오, 내가 후회한다고
그녀에게 전해주오, 기다리고 있다고
우린 손목 잡은 일도 없고 약속한 일도 없지만
난 알아, 그게 사랑인 것을
그대 멀리 떠나려고 할 적에 잡지 못한 내가 바보야
그녀에게 전해주오, 내가 내가 여기 있다고

그녀에게 전해주오, 내가 사랑한다고

그녀에게 전해주오, 잊지 말아 달라고

우린 서로 헤어지기 싫어 울어본 일은 없지만

난 알아, 이게 슬픔인 것을

그대 눈에 눈물 고여 흐르면 내가 가서 달래주리라

그녀에게 전해주오, 내가 내가 여기 있다고

— 소방차, 〈그녀에게 전해주오〉(박건호 작사·김명곤 작곡)


청각적인 요소를 중시하고 단순함을 지향하는 그가 노랫말에서 자주 사용하는 방식은 병렬과 반복이다. 동일한 통사 구조를 반복함으로써 의미 전달을 명확히 하고, 가사의 내용을 듣는 사람에게 바로 주지시키는 데 병렬 양식은 매우 효과적으로 작용한다. 〈그녀에게 전해주오〉의 경우, 첫 두 행은 '그녀에게 전해주오, ~하고 있다고'라는 동일한 통사 구조가 반복된다. 좀 더 상세하게 분석하자면 '그녀에게 전해주오'라는 고정된 요소를 반복하는 동시에 '~하고 있다고'라는 변이요소가 첨가되어 양자를 모두 강조하는 결과를 낳게 된다. 범위를 더 확장시켜 보면, 이 노랫말 전체는 '그녀에게 전해주오, ~하고 있다고/그녀에게 전해주오, ~하고 있다고/우린 ~없지만, 난 알아, 그게(이게) ~인 것을/그녀에게 전해주오, 내가 여기 있다고'라는 동일한 구조를 두 번 반복하고 있다는 점을 발견하게 된다.

이렇게 단순하고 쉬운 표현들을 의식적으로 선택하다 보니, 노랫말의 소재 역시 일상의 평범한 삶에서 비롯된다. 비유적 표현이 불러일으킬지도 모르는 애매모호함을 경계해서인지, 비유적인 표현도 그다지 많이 사용하지 않는다. 듣는 즉시 이해하고 공감할 수 있는, 설명이 필요 없는 노랫말을 추구하는 것이다(저 가는 세월 속에 모두 변해가는 것/그것은 인생, 그녀에게 전해주오/내가 후회한다고).

　단순하다, 쉽다, 청각적인 요소를 중시한다, 동일한 통사 구조를 반복한다 등의 특징만 놓고 본다면 지나치게 평면적인 것이 아닌가 하는 생각이 들 수도 있을 것이다. 그러나 어떻게 보면 평이하기도 한 단순한 노랫말이 적절한 분위기를 낳는 이유는 구체성에 있다. 물론 추상적인 어휘를 사용한 경우도 없지는 않지만, 아무런 이유 없이 '그립다', '쓸쓸하다'는 말을 던져놓는 데 그치지 않고, 나름대로의 이유와 상황을 분명하게 설정해놓고 있다. 그리움의 생생한 이미지를 연상시키는 "단발머리"나, 가을이라는 쓸쓸함 속에 떠오르는 구체적 하루인 "시월의 마지막 밤"은 막연함을 넘어서 왜 그리운가, 그 그리움의 깊이는 어느 정도이고 그 쓸쓸함의 색깔은 어떤 것인가를 짧으나마 분명하게 드러내는 것이다.

　　그 언젠가 나를 위해 꽃다발을 전해주던 그 소녀
　　오늘따라 왜 이렇게 그 소녀가 보고 싶을까
　　비에 젖은 풀잎처럼 단발머리 곱게 빗은 그 소녀
　　반짝이는 눈망울이 내 마음에 되살아나네
　　내 마음 외로워질 때면 그날을 생각하고
　　그날이 그리워질 때면 꿈길을 헤매이는데

음 못 잊을 그리움 남기고

그 소녀 데려간 세월이 미워라

　　─조용필, 〈단발머리〉(박건호 작사·조용필 작곡)


지금도 기억하고 있어요

시월의 마지막 밤을

뜻 모를 이야기만 남긴 채

우리는 헤어졌지요

그날의 쓸쓸했던 표정이

그대의 진실인가요

한마디 변명도 못하고 잊혀져야 하는 건가요

언제나 돌아오는 계절은

나에게 꿈을 주지만

이룰 수 없는 꿈은 슬퍼요

나를 울려요

　　─이용, 〈잊혀진 계절〉(박건호 작사·이범희 작곡)


　양인자도 마찬가지다. 드라마 〈엄마의 바다〉에서 김혜자가 애절하게 불러 유명해진 〈립스틱 짙게 바르고〉의 주조는 역시 이별 뒤의 슬픔이다. 그러나 이 노랫말에 '우리는 만나서 이러이러하게 사랑을 했고 피치 못할 사정으로 헤어졌는데, 그래서 내 마음은 찢어질 것만 같다'는 애기는 전혀 없다. "내일이면 꼭 잊으리"라는 다짐으로 시작되어, "립스틱을 짙게 바르고" 잊겠다는 구체성이 통상적인 이별 뒤의 감정을 산뜻하게 마무리하고 있다.

〈남자는 여자를 귀찮게 해〉도 결혼 전과 결혼 후를 비교하며 남자가 여자를 '어떻게' 귀찮게 하는지 구체적으로 나열한다("밥 달라 사랑 달라 보채고/둘이서 놀기만 하재요/골치 아파 죽겠네", "할 일은 해도 해도 많은데/자기만 쳐다보래/웃어라 안아달라 조르는 당신").

이별 뒤의 감정을 노래한 경우, 결론은 기존의 사랑이나 이별 노래와 다름없더라도 그 결론에 이르기까지의 과정을 매우 구체적으로 보여준다는 점에서(양인자), 이별하게 된 상황의 묘사를 통해 이별의 이유와 이별 전의 모습까지 떠올릴 수 있게 한다는 점에서(박건호), 구체성은 두 사람의 노랫말에 있어 가장 큰 특징으로 지적될 수 있다.

> 그대의 옷자락에 매달려 눈물을 흘려야 했나요
> 길목을 가로막고 가지 말라고 애원해야 했나요
> 떠나가버린 그대 때문에 내 모습이 야위어가요
> 아무에게도 말을 못하고 남모르게 가슴 아파요
>
> 우린 너무 쉽게 헤어졌어요
> 우린 너무 쉽게 헤어졌어요
> 한번쯤 다시 만나 생각해봐요
> 너무 쉽게 헤어졌어요
> —최진희, 〈우린 너무 쉽게 헤어졌어요〉(박건호 작사·김희갑 작곡)

길어야 백 년 백 년이오

싫어도 백 년이요

그깟 백 년 못 채우고 먼저 가려 하시오

가랑잎에 불질러놓고

아이고 아이고 얄미운 내 님아

아이고 아이고 얄미운 내 님아

떠난다고 그 고개 넘어갈 줄 아시오

님 고무신 버린 지가 언젠데

　　—조용필, 〈얄미운 님아〉(양인자 작사·김희갑 작곡)

　두 사람의 공통점이라 할 수 있는 이러한 구체성은, 기존의
패턴이나 표현, 달리 말해 상투성을 살짝 뒤집음으로써 구축
되는 측면이 크다.

　박건호의 경우, 〈우린 너무 쉽게 헤어졌어요〉는 이별 뒤에 헤
어진 이유를 아직 납득하지 못한 화자의 독백으로 이루어져
있다. '옷자락을 붙잡고 가지 말라고 할 것을…'은 매우 상투
적인 후회지만, "너무 쉽게" 헤어진 것이 아닌가 하는 인식이
참신하게 다가온다. 그러면서 '한번쯤 다시 만나 생각해보자'
는 제안이 이어져, 울며불며 애인의 옷자락을 잡고 몸부림치
던 기존의 이별 장면을 쿨하게 변모시키는 것이다.

　양인자는 '백년해로'라는 말을 패러디한 듯한 〈얄미운 님
아〉에서 기존의 '백 년 동안 검은 머리 파뿌리 되도록 해로하
자'를 '길어야 고작 백 년인데 그걸 못 참느냐'로, '고무신 거꾸
로 신으면 안 돼요'를 '고무신 버린 지가 벌써 옛날'이라는 식

으로 전도함으로써 "얄미운 님"의 실체를 여지없이 폭로하고 있다. 또한 〈Q〉의 마지막 구절에는 "사랑, 눈 감으면 잊으리"라는 대목이 나오는데, 평범한 것 같지만 그 전에는 찾아볼 수 없었던 표현이다. 그 전에는 주로 '눈 감아도 떠오른다'는 식이 대부분이었다. 눈을 감는다고 사랑이 잊혀질까? 그런데 역설적으로 '눈을 감으면 잊으리' 하고 표현한 것이다. 같은 노래 3절의 "너는 나의 인생을 쥐고 있다 놓아버렸다"도 재미있는 표현이다. '너는 내 인생, 너는 내 인생의 전부였다'가 아니라 "쥐고 있다 놓아버렸다"는 표현은 관계의 현실감을 더해주는 역할을 한다.

한편, 그림으로 그려질 만큼 공간 묘사가 실제적이라는 점역시 구체성의 다른 특징으로 들 수 있다. 공교롭게도 두 사람모두 서울이라는 도시를 대상으로 한 노래를 만들었는데, 박건호는 〈서울〉에서 "종로에는 사과나무를 심어보자/그 길에서 꿈을 꾸며 걸어가리라/을지로에는 감나무를 심어보자/감이 익을 무렵 사랑도 익어가리라"라는 구체적인 지명과 과수의 이름을 제시함으로써 실제적 공간의 느낌을 더욱 살려주고 있다. 양인자도 〈서울 서울 서울〉에서 그 제목 아래에서는 도저히 나올 것 같지 않은, 서정적이며 구체적인──그림이 눈앞에 떠오를 만큼 뛰어난──공간 묘사를 보여준다.

해질 무렵 거리에 나가 차를 마시면
내 가슴에 아름다운 냇물이 흐르네
이별이란 헤어짐이 아니었구나

추억 속에서 다시 만나는 그대

베고니아 화분이 놓인 우체국 계단
어딘가에 엽서를 쓰던 그녀의 고운 손
그 언제쯤 나를 볼까 마음이 서두네
나의 사랑을 가져가버린 그대

이별을 알면서도 사랑에 빠지고
차 한 잔을 함께 마셔도 기쁨에 떨렸네
내 인생에 영원히 남을 화려한 축제여
눈물 속에서 멀어져가는 그대

서울 서울 서울 아름다운 이 거리
서울 서울 서울 그리움이 남는 곳
서울 서울 서울 사랑으로 남으리
오 오 오 never forget oh my lover 서울
―조용필, 〈서울 서울 서울〉(양인자 작사·김희갑 작곡)

"해질 무렵 거리에 나가 차를 마시"고, "베고니아 화분이 놓인 우체국 계단" 같은 묘사는 일반적인 대중가요 노랫말 속에 놓인 "아 그 바닷가 파도소리", "그 님이 계시던 곳 차가운 밤바람만 몰아치는데" 등의 막연한 표현과는 차이가 있다. "산정 높이 올라가 굶어서 죽은 눈 덮인 킬리만자로"(〈킬리만자로의 표범〉), "작은 난로 위에 끓고 있는 보리차 주전자/햇볕이 가

득한 마당에 눈부시게 널린 하얀 빨래"(〈말하라, 그대들이 본 것이 무엇인가를〉), "이른 아침에 그 찻집/마른 꽃 걸린 창가에 앉아 외로움을 마셔요"(〈그 겨울의 찻집〉) 등의 묘사도 매우 선명한데, 이러한 구체적 공간에 대한 묘사는 넓게 보아 앞서 지적한 구체성의 연장선상에 있다고 할 수 있다.[29] 이는 이별이나 사랑과 같은 감정을 고양시키기 위한 즉흥적인 도구로서의 공간이 아니라, 마치 소설에서 이야기의 집을 짓듯이 노래를 위해 특정 공간을 설정하고 그 공간 안에서의 사건을 묘사하는 듯한 방식이다.

(3) 잃어버린 사랑에 대한 추억, 그 드라마틱한 변주

이러한 표현 뒤에 존재하는 그들 노래의 주제는 언제나 사랑이다. 대중가요의 사랑 타령이 지겹다고들 하지만, 사랑에 빠지면 대중가요를 주절거리고 실연하고 나면 대중가요에 우는 것이 사람이다. 어쨌거나 사랑은 시간과 공간을 초월하는 테마고, 그래서 사랑을 주제로 한 박건호와 양인자의 작품이 오랫동안 사랑받는 것이다.

박건호는 "무작정 당신이 좋아요"(〈연인들의 이야기〉) 하고 주저 없이 쓱 말해버리기도 하고 "나는 그대 잔 속에 찰랑찰랑 대는 술이 되리라"(〈찰랑찰랑〉) 하고 끈적끈적하게 다가오기도 한다. 그가 쓴 많은 작품은 사랑의 설렘과 기쁨, 고통과 회한, 사랑의 깊고 얕은 면들을 두루 다루고 있다. 〈잊혀진 계절〉은 이별의 아픔이라기보다 과거의 연인에게 그럴듯한 추억으로 남고 싶은 이기심을 담은 노래고, 〈그대는 나의 인생〉

은 '꼭 사랑해서 결혼하는 것은 아니다'라는 부정적인 생각에서 출발해 쓴 것이라고 하는데, 그가 말하는 사랑은 통속적인 멜로 드라마를 연상케 한다. 떠난 사람은 이유가 없으며, 남은 사람은 그 추억을 오래도록 기억한다. 그러나 그런 흔한 내용을 포인트와 설정이 확실한 틀 속에 포착해냈다는 점이 그의 장점이다.

또한 복잡하다기보다는 단순한 그의 노랫말 속에는 스토리가 숨어 있다. '노래는 3분 동안의 작은 드라마'라는 박건호의 주장대로 그의 노래는 짧은 내용 가운데 노래가 불려진 상황을 짐작할 수 있게 하는 것이 대부분이다. 단순히 자신의 감상을 나열하는 것이 아니라, 그러한 정감적인 면이 표출될 수밖에 없는 배경을 설명해주기 때문에, 드러난 감정의 표현에 수긍할 수 있는 것이다.

어젯밤엔 난 네가 미워졌어
어젯밤엔 난 네가 싫어졌어
빙글빙글 돌아가는 불빛들을 바라보며
나 혼자 가슴 아팠어
내 친구들이 너의 손을 잡고 춤출 때마다
괴로워하던 나의 모습을 왜 못 보았니
어젯밤 파티는 너무도 외로웠지
이 세상을 다 준대도 바꿀 수가 없는 넌데
너는 그걸 왜 모르니

어젯밤에 난 네가 미워졌어
어젯밤에 난 네가 싫어졌어
쉴새 없는 음악소리 끝나기를 기다리며
나 혼자 우울했었지
—소방차, 〈어젯밤 이야기〉(박건호 작사·이호준 작곡)


당신도 울고 있네요
잊은 줄 알았었는데
찻잔에 어리는 추억을 보며
당신도 울고 있네요


이렇게 만나게 될 줄은
그 누가 알았던가요
옛날에 옛날에 내가 울듯이
당신도 울고 있네요


한때는 당신을 미워했지요
남겨진 상처가 너무 아파서
당신의 얼굴이 떠오를 때면
나 혼자 방황했었죠


당신도 울고 있네요
잊은 줄 알았었는데
옛날에 옛날에 내가 울듯이

당신도 울고 있네요

—김종찬, 〈당신도 울고 있네요〉(박건호 작사·최종혁 작곡)

〈어젯밤 이야기〉에서는 자신의 존재를 외면한 채, 다른 친구들과 즐거운 시간을 보내고 있는 여자를 바라보는 한 남자의 슬픈 심정이, 〈당신도 울고 있네요〉에서는 어떤 사연 때문에 오랫동안 헤어졌다 다시 만난 여자가 우는 모습을 보며 그 옛날 자신이 울던 모습을 떠올리고 있는 상황이 고스란히 떠오른다. 물론 그러한 심정, 그러한 슬픔과 공감에 초점이 맞춰져 있지만, 그러한 감정의 배경이 되는 스토리가 간명하게 드러나 있다는 점이 박건호의 노랫말의 특징이다.

내일이면 잊으리 꼭 잊으리, 립스틱 짙게 바르고
사랑이란 길지가 않더라, 영원하지도 않더라
아침에 피었다가 저녁에 지고 마는
나팔꽃보다 짧은 사랑아, 속절없는 사랑아
마지막 선물 잊어주리라, 립스틱 짙게 바르고
별이 지고 이 밤도 가고나면 내 정녕 당신을 잊어주리라
별이 지고 이 밤도 가고나면 내 정녕 당신을 잊어주리라
—임주리, 〈립스틱 짙게 바르고〉(양인자 작사·김희갑 작곡)

〈립스틱 짙게 바르고〉가 그리고 있는 것은 사랑하던 사람과 이별한 후의 상황이다. 그런데 이 곡의 화자는 '나는 당신을 잊지 못해 오늘도 슬피 운다'는 식으로 반응하지 않는다. 잊지

못하는 건 사실이지만, 오늘까지는 못 잊고 있지만 '내일이면 꼭 잊고야 말겠다'는 의지가 나타나며 그런 의지가 바로 "립스틱 짙게 바르"는 행위로 드러나는 것이다. 앞서 예로 들었던 〈Q〉에서도 '이별했으나 나는 너를 끝까지 사랑하겠다'는 흔히 보는 절규가 아니다. "너를 마지막으로 내 청춘은 끝이 났"고(즉 너와 함께 나는 내 청춘을 모두 보냈고) "나의 사랑은 모두 끝났"지만(너는 내 사랑의 전부였지만) 오늘 울고 나면 다시는 울지 않을 것이며, 내 인생을 쥐고 있었던 너를 이번에는 내가 놓아 보내겠다고 하여, 일반적인 체념과는 사뭇 다른 자세를 보여준다.

작사상까지 받았던 〈서울 서울 서울〉에서도 "이별이란 헤어짐이 아니었구나/추억 속에서 다시 만나는 그대"라고 하여, 비록 그녀가 "나의 사랑을 가져가버린 그대"지만, 그녀와의 사랑은 "내 인생에 영원히 남을 축제"라고 의미를 부여한다. 이별을 슬퍼하고 가슴을 쥐어뜯는 데서 그치던 이전의 노래에서 벗어난 모습을 보이고 있는 것이다.

그런데 이러한 '새로운 헤어짐'의 자세는 김소월이 〈진달래꽃〉에서 "죽어도 아니 눈물 흘리오리다"라고 말하듯, 모호하고 복잡하다.[30] 〈립스틱 짙게 바르고〉에서 "내 정녕 너를 잊어주리라"는 글자 그대로 정말 너를 잊겠다는 다짐일까? 그를 잊지 못하는 자신의 마음을 달래고자 스스로에게 재차 강요하는 것이 아닐까. 그리고 그것은 오히려 잊지 못하겠다는 마음을 역설적으로 보여주는 것이 아닐까? 잊지 못하는 마음의 빛깔이 짙은 립스틱처럼 선명하게 드러나는 것이다.

달 밝은 밤에 그대는 누구를 생각하세요

잠이 들면 그대는 무슨 꿈 꾸시나요

깊은 밤에 홀로 깨어 눈물 흘린 적 없나요

때로는 일기장에 내 애기도 쓰시나요

나를 만나 행복했나요

나의 사랑을 믿나요

그대 생각하다 보면 모든 게 궁금해요


하루 중에 내 생각 얼만큼 많이 하나요

내가 정말 그대의 마음에 드시나요

참새처럼 떠들어도 여전히 귀여운가요

바쁠 때 전화해도 내 목소리 반갑나요

내가 많이 어여쁜가요

진정 날 사랑하나요

난 정말 알고 싶어요, 애기를 해주세요

　　—이선희, 〈알고 싶어요〉(양인자 작사·김희갑 작곡)


안개 속에서 나는 울었어

외로워서 한참을 울었어

사랑하고 싶어서 사랑받고 싶어서


들판에 서서 나는 울었어

외로워서 한참을 울었어

사랑하고 싶어서 사랑받고 싶어서

만나서 차 마시는 그런 사랑 아니야

전화로 얘기하는 그런 사랑 아니야

웃으며 안녕 하는 그런 사랑 아니야

가슴 터질 듯 열망하는 사랑

사랑 때문에 목숨 거는 사랑

같이 있지 못하면 참을 수 없고

보고 싶을 때 못 보면 눈멀고 마는

활화산처럼 터져 오르는 그런 사랑 그런 사랑


어둠 속에서 나는 울었어

외로워서 한참을 울었어

사랑하고 싶어서 사랑받고 싶어서

—혜은이, 〈열정〉(양인자 작사·김희갑 작곡)


〈알고 싶어요〉에서는 그대를 사랑하는 구체적인 마음이 일상적인 예들을 통해 형상화되고 있다. '나를 사랑하나요'의 단순한 반복이 아니라 '언제, 어느 때, 어떤 방식으로' 내 생각을 하고 있느냐는 물음이 주된 내용을 이루고 있다. 〈열정〉도 단순하게 '나는 당신을 원해요'가 아니라 '이런 사랑도 아니고 이런 사랑도 아니고, 내가 원하는 사랑은 이런 것이다, 그러나 나는 그런 사랑을 받지 못해서 외롭다'는 내용으로써 스스로 원하는 사랑의 형태를 매우 구체적으로 나열하고 있다. 또한 현실 속에서는 내게 그런 사랑이 오지 않을지도 모른다는 두려움, 그런 사랑이 결핍되어 있는 화자의 외로움이 나타나 참신하게 느껴진다.

### (4) 노랫말과 악곡의 긴밀한 관계

박건호와 양인자의 노랫말은 악곡과 한 치도 어긋나지 않는다는 공통점이 있다. 우리 대중가요는 대부분 멜로디가 먼저 만들어진 다음 그 멜로디에 가사를 붙이는 것이 보편적인 창작 메커니즘이라고 알려져 있다. 이러한 선후관계는 결국 '멜로디 우선, 노랫말 나중'이라는 가치 판단을 만들게 된다. 실제로 작사가들은 이미 만들어진 멜로디에 가사를 붙이는 일이 가장 어렵다고 토로하곤 한다. 노랫말에서 영감을 받아 곡을 창작하는 것이 아니라, 이미 만들어진 곡에 가사를 붙이는 일이 간단할 리 없다.

이러한 우리 대중가요의 창작 메커니즘 하에서 박건호는 먼저 만들어진 멜로디에 가사를 붙이는 데 특히 뛰어난 소질을 보이는 것으로 평가받는다. 그는 노랫말을 창작할 때 멜로디를 떠나 생각하지 않는다는 점을 매우 강조했다. '안녕', '사랑해' 같은 흔해빠진 말도 어떤 멜로디와 어떻게 만나느냐에 따라 전혀 다른 감흥을 만들어낼 수 있다[31]는 것이다.

양인자의 경우는 개인사와 관련된 사연이 있다. 1985년에 작곡가인 김희갑을 만나 결혼한 후 함께 작업을 하게 되면서 양인자의 노랫말은 빛을 발하게 되었다. 조용필의 최고 히트작 가운데 하나인 〈킬리만자로의 표범〉을 비롯해 〈Q〉, 〈바람이 전하는 말〉, 〈그 겨울의 찻집〉, 〈잊혀진 사람〉, 〈세월〉 같은 곡들이 바로 김희갑·양인자 커플의 작품이다. 김희갑은 그녀가 만들어 놓은 노랫말을 보고 그에 맞춰 멜로디를 만들어갔다고 한다. "먹이를 찾아 산기슭을 어슬렁거리는 하이에나를 본 일이 있는가"로 시작되는 〈킬리만자로의 표범〉이 무려 6분가량(일반적인 가요는 3분 30초 정도)이나 되는 긴 노래로 탄생할 수 있었던 것도, 쓰고 싶은 대로 쓴 노랫말에 적절한 곡을 만들어 준 김희갑의 공로가 크다. 양인자와 김희갑의 만남이 천생연분인 것은 그녀가 다른 작곡가와 작업한 노래들이 별로 빛을 보지 못했다는 데에서도 증명된다. 조용필 7집에는 조용필이 작곡하고 양인자가 작사한 노래가 두 곡 실려 있는데, 모두 크게 성공하지는 못했다. 김희갑과의 만남을 통해, 노랫말 먼저, 멜로디 나중의 시스템이 정착되었기에 양인자의 노랫말이 제 힘을 발휘할 수 있었던 것으로 보인다.

## 2. 박주연[32]과 이영훈[33] ─ 발라드 전문 작사가 제1세대

박건호와 양인자가 1980년대의 전반과 후반을 양분하면서 다양한 장르를 섭렵하던 가운데, 발라드의 범주에 들어갈 수 있는 노랫말도 창작했던 것이라고 한다면, 이영훈과 박주연은 명실상부한 발라드 전문 작사가라고 부를 수 있다.

박주연에 대해서는 알려진 게 많지 않다. 가수 출신이라는 것과 지예, 함경문 등과 더불어 여성 작사가 1세대에 속한다는 점[34]만을 확인할 수 있을 뿐이다. 그러나 그녀의 노랫말은 일

찍부터 주목받았으며, 그녀는 사랑에 대한 추억과 회한이 사랑 노래의 절대 다수를 차지하던 1980년대 말에 본격적으로 사랑에 대한 담론을 이끌어낸 주역이라고 할 수 있다. 이영훈은 이문세 4집부터 그와 짝을 이루어 〈사랑이 지나가면〉, 〈그녀의 웃음소리뿐〉을 성공시켰던 히트메이커로, 두 사람의 스타일은 1980년대 말과 그 이후 발라드의 전개에 있어 하나의 모범이 되었다고 할 수 있다. 그들은 이승환과 015B, 토이 등에게 영향을 미쳤고 015B의 정석원은 당시의 대중문화를 선도했던 잡지 《상상》과의 인터뷰에서, 자신이 가장 좋아하고 자신에게 가장 큰 영향을 미친 노래로 이영훈과 박주연의 노래를 들기도 했다.[35]

(1) 사랑에 대한 담론의 본격화

본격적인 발라드의 시대를 연 이영훈과 박주연의 노랫말의 특징은 단연 사랑에 대한 담론의 등장이라고 할 수 있다. 이전의 노래들이 사랑을 소재로 하고 있더라도 만나게 된 계기라든가, 헤어지는 이유, 또는 이별 뒤의 슬픔 같은 사랑의 한 장면 혹은 사랑이 불러일으키는 감정에 주목했다면, 이들 두 사람은 사랑이란 무엇이며, 진정한 사랑의 의미는 무엇인지를 탐구하는 노랫말들을 전개하고 있어 주목된다.[36]

살아가는 동안 한 번도 안 올지 몰라
사랑이라는 감정의 물결
그런 때가 왔다는 건 삶이 가끔 주는 선물

지금까지 잘 견뎌왔다는

네가 원하는 건 나 또한 원하는 거야

이미 나는 따로 있질 않아

이별이라는 것 또한 사랑했던 사람만이

가질 수 있는 추억일지도 몰라

널 만났다는 건 외롭던 날들의 보상인걸

그래서 나는 맞이하게 된 거야

그대라는 커다란 운명

이 세상 무엇 하나도 나를 꺾을 수는 없겠지만

너의 뜻대로 살아가는 것만이 내가 아는 한 가지

— 이덕진, 〈내가 아는 한 가지〉(박주연 작사·최성원 작곡)


〈내가 아는 한 가지〉에서는 사랑이라는 감정을 "살아가는 동안 한 번도 안 올지" 모르는 것인데, 만약 그런 때를 맞게 된다면 그것은 "삶이 가끔 주는 선물"이라고 정의 내린다. 따라서 "네가 원하는 건 나 또한 원하는" 것이고 '너와 내가 따로 존재하지 않는 것'이 곧 사랑이며, 이런 의미에서 본다면 이별조차 "사랑했던 사람만이 가질 수 있는 추억"이라는 것이다. 그런 사랑을 내게 준 그대는 "커다란 운명"이며, "내가 아는 한 가지", 곧 "너의 뜻대로 살아가는 것"만이 내 사랑을 실천하는 길이라는 이야기를 하고 있다. '너는 내 외로움의 끝'이며 '그동안의 많은 이별은 너를 만나기 위한 것'이라는 〈사랑일 뿐야〉도 마찬가지다. 사랑하는 '너'가 내게 어떤 의미를 갖는가, 너라는 존재의 의미는 무엇인가를 생각하고 느낌으로써 사랑의 개념을 깨닫고 있는 것이다.

　　남들도 모르게 서성이다 울었지 지나온 일들이 가슴에 사무쳐
　　텅 빈 하늘 밑 불빛들 켜져 가면 옛사랑 그 이름 아껴 불러보네
　　찬 바람 불어와 옷깃을 여미우다 후회가 또 화가 난 눈물이 흐
　　르네
　　누가 물어도 아플 것 같지 않던 지나온 내 모습 모두 거짓인걸
　　이제 그리운 것은 그리운 대로 내 맘에 둘 거야
　　그대 생각나면 생각난 대로 내버려두듯이

　　흰 눈이 내리면 들판에 서성이다 옛사랑 생각에 그 길 찾아가지
　　광화문 거리 흰 눈 덮이가고 하얀 눈 하늘 높이 자꾸 올라가네
　　사랑이란 게 지겨울 때가 있지 내 맘에 고독이 너무 흘러 넘쳐
　　눈 녹은 봄날 푸르른 잎새 위에 옛사랑 그대 모습 영원 속에 있네
　　　―이문세, 〈옛사랑〉

　〈옛사랑〉도 "지나온 일들이 가슴에 사무쳐" "텅 빈 하늘 밑
불빛들"을 바라보고, 사랑에 대한 후회로 눈물이 앞을 가리는
부분까지는 앞 세대의 양인자나 박건호가 보여주었던 구체적
장면을 제시하고 있는 듯하다. 그러나 후회하지 않고 "그리운
것은 그리운 대로" 남겨두는 것, "지겨울 때가 있"다는 것을
깨달음으로써 옛사랑의 의미를 천착하고 있다는 점에서 그들
과 다른 지평을 열어 보인다. 이처럼 1980년대 후반의 발라드
들은 사랑의 체험만을 노래할 뿐 아니라 사랑에 대한 담론들

을 통해 새롭게 생성된 사랑의 각본을 보여준다.

(2) 구체적 상황과 구체적 묘사

박건호, 양인자와 마찬가지로, 이영훈과 박주연은 구체적인 가사의 묘미를 살림으로써 발라드라는 장르의 특성을 드러낸다. 앞서 예로 든 〈내가 아는 한 가지〉, 〈너에게로 또다시〉, 〈사랑일 뿐야〉 등은 사랑에 대한 나름대로의 정의를 내리는 동시에 사랑에서 이별에 이르기까지의 구체적 상황을 매우 상세하게 묘사하고 있기에 동시대의 다른 노래들과 구별된다. 이별의 상황과 이별 뒤의 감정을 노래하는 것은 대중가요에서 흔한 일이지만, 이별에 이르기까지의 과정을 따라가듯 서술하는 경우는 드물기 때문이다.

> 어색해진 짧은 머리를 보여주긴 싫었어
> 손 흔드는 사람들 속에 그댈 남겨두긴 싫어
> 3년이라는 시간 동안 그댄 나를 잊을까
> 기다리지 말라고 한 건 미안했기 때문이야
> 그곳의 생활들이 낯설고 힘들어
> 그대를 그리워하기 전에 잠들지도 모르지만
> 어느 날 그대 편질 받는다면 며칠 동안 나는 잠도 못 자겠지
> 이런 생각만으로 눈물 떨구네
> 내 손에 꼭 쥔 그대 사진 위로
> ─김민우, 〈입영열차 안에서〉(박주연 작사·윤상 작곡)

이제 모두 세월 따라 흔적도 없이 변하였지만

덕수궁 돌담 길엔 아직 남아 있어요

다정히 걸어가는 연인들

언젠가는 우리 모두 세월을 따라 떠나가지만

언덕 밑 정동 길엔 아직 남아 있어요

눈 덮인 조그만 교회당

향긋한 오월의 꽃향기가 가슴 깊이 그리워지면

눈 내린 광화문 네거리 이곳에 이렇게 다시 찾아와요

언젠가는 우리 모두 세월을 따라 떠나가지만

언덕 밑 정동 길에 아직 남아 있어요

눈 덮인 조그만 교회당

　　　　—이문세, 〈광화문 연가〉(이영훈 작사·작곡)


　그런데 박주연과 이영훈의 구체성은 방법상 그 이전 세대인 박건호, 양인자와 다소 차이가 있다. 특히 박주연은 현실적인 상황을 배경으로, 사랑에서 이별에 이르는 단계의 섬세한 감정을 묘사하는 데 치중한다. 노래를 부르는 가수가 대체로 남자라는 점을 고려하지 않더라도 박주연의 노래에서 화자는 대개 남성인데, 방황 끝에 사랑했던 여자에게로 돌아오는 감정의 여러 단계(〈너에게로 또 다시〉), 수많은 실패와 좌절 끝에 얻게 된 사랑의 간절함과 소중함(〈사랑일 뿐야〉) 입영열차에 올라 탄 뒤 느꼈던 복잡한 심경의 반추(〈입영열차 안에서〉)는 결혼한 옛 애인과 그녀의 남편을 우연히 마주친 뒤의 착잡함(〈오래전 그날〉) 등 사랑의 어느 단계에선가 남성이 느낄 수 있는 감정의

층위를 매우 구체적으로 드러내고 있다. 사랑을 경험했던 사람이라면 누구나 부딪칠 수 있는 일반적인 범주에 속하는 상황을 손에 잡힐 듯 생생하게 그려냄으로써, 현재 여자 또는 남자를 사귀고 있지 않아도, 즉 노래를 듣고 슬퍼할 아무런 이유가 없어도, '그래, 그땐 참 그랬었지' 하며 추억에 잠길 수 있게 만드는 것이다.

이에 비해 이영훈이 구사하는 구체성은 감정적인 측면을 고려하면서도——양인자와 박건호의 작품에서 보이듯——구체적인 공간과 시간을 통한 구체성의 획득이라는 면에서 박주연과는 다르다. 〈광화문 연가〉의 경우도 제목이 지시하듯 광화문 네거리에서 덕수궁 돌담 길, 정동 길이라는 매우 상세한 지형도를 밟아가면서, 봄에서 겨울의 시간 경과를 통한 사랑의 추억과 회상을 다루고 있다.

(3) 구어체적 표현을 통한 현실의 재현

하지만 난 사랑했잖아 살아 있었던 거야
그걸로 됐어 나를 완전히 태울 수 있던 축복을 내게 줬으니
—임창정, 〈그때 또다시〉(박주연 작사·김형석 작곡)


나의 잘못했던 일과 너의 따뜻한 마음만 더 생각나
널 위해 비워둔 내 마음 그 자리로
—김장훈, 〈나와 같다면〉(박주연 작사·이동원 작곡)

기다려

투명한 모습으로 니 앞에 설 때까지

기다려

헤매임 덮고 널 지켜줄 때까지

　　—이주원, 〈아껴둔 사랑을 위해〉(박주연 작사·손무현 작곡)


아무것도 없었던 거야

너를 대신할 만한 것

왠지 다른 느낌을 갖게 했어

다른 사람이 아닌 너에게

　　—원미연, 〈조금은 깊은 사랑〉(박주연 작사·신재홍 작곡)


　박주연과 이영훈의 노래에서 발견되는 또 하나의 특징은 '구어체적인 표현'이다. 사랑하는 그대를 부르는 이름은 '당신' 또는 고전적인 '임'이 아니라, '너'이며, 어투도 '해요'나 '하오' 체가 아닌 딱 부러지는 반말이다. 이러한 구어체적 표현 방식은 '(2) 구체적 상황과 구체적 묘사'에서 지적한 사랑의 구체적 상황, 또는 시공간과 더불어 노래를 들으며 마치 지금 현재 나의 상황이 재현되는 것과 같은 드라마적 효과를 불러일으키게 된다.

　이러한 구어체적 표현은 발화의 상황이 변화한 데 기인한다. 박주연이나 이영훈 이전의 발라드는 지나가버린 사랑을 추억하며 혼자 독백하는 내용이 대부분이었던 데 반해, 박주연과 이영훈, 특히 박주연은 사랑하는 사람이나 이별하게 될 상대방을 눈앞에 두고 말하는 상황을 재현하거나, 적어도 대화를 나누는 듯한 기분으로 노랫말을 풀어가는 경우가 많다. 그렇기에 상대를 부르는 호칭이 그대나 임이 아니라 너가 될 수 있고, 반말을 할 수 있는 것이다.

또한 사랑에 대한 담론이기는 하지만 박주연의 노래에서 발견되는 공통분모는 대부분 '너는 내 운명'이라는 것이다. 오직 너, 다른 사람이 아닌 너, 너만을 위한 삶과 사랑이라는 순애보적 테마는 듣는 사람의 마음을 울릴 수밖에 없는데, 당시 박주연의 노래를 부른 가수들이 김민우, 변진섭, 이덕진과 같은 잘생긴──요즘으로 말하자면 꽃미남──젊은 남자 가수들이다 보니, 이들이 호소하듯 노래를 부르면 그 노래를 듣는 여성들은 마치 기다렸던 남성에게서 고백을 받는 듯한 기분에 빠지게 되는 것이다.

그런데 좀 더 살펴보면, 이들의 노래에서 구어체란 사실 무늬만 구어체다. 노래를 들으면서 구어체라는 인상을 강하게 받을 수 있도록 호칭과 어미만을 구어체로 변모시켰을 뿐, 문장 구성은 문어체에 더 가깝다. "그 얼마나 오랜 시간을 짙은 어둠에서 서성거렸나/내 마음을 닫아둔 채로 헤매이다 흘러간 시간/잊고 싶던 모든 일들은 때론 잊은 듯이 생각됐지만/고개 저어도 떠오르는 건 나를 보던 젖은 그 얼굴"이나 "이 세상 무엇 하나도 나를 꺾을 수는 없겠지만/너의 뜻대로 살아가는 것만이 내가 아는 한 가지"가 구어체일 수는 없지 않은가?

구어체다운 구어체는 "청바지가 잘 어울리는 여자/밥을 많이 먹어도 배 안 나오는 여자"(변진섭, 〈희망사항〉)나 "나 이제 사랑을 알 것 같아/난 이제 니 꺼야"(DJ DOC, 〈미녀와 야수〉), "불을 켤 필요 없어/아무 말도 필요 없어"(엄정화, 〈초대〉)처럼 일상생활에서 쓰는 어투를 반영해야 하는 것일 터이다. 그렇게 본다면 박주연과 이영훈의 구어체는 이전부터 지속돼오던, 어찌 보면 '낡은' 표현과 그 이후에 다가올 폭발적인 일상적 표현으로의 변화의 과도기에 놓여 있다고 할 수 있다. 변화하지 않는 요소와 새롭게 변화된 요소를 동시에 포함하고 있는 그들 노랫말의 의미는 그래서 더욱 중요하다.

제 3 장 ──── 발라드 노랫말의
힘

이 장에서는 1980년대 중반의 발라드를 대표하는 작사가들의 특징을 바탕으로 발라드 노랫말의 힘이라고 할 수 있는 요소들을 살펴볼 것이다. 발라드는 분명 트로트와는 다른 세계관과 표현 방식을 보여주지만, 트로트와 유사한 부분도 있다. 따라서 이 장은 트로트를 포함한 우리나라 대중가요의 전반적인 양상을 배경으로 두고, 그 가운데서 발라드가 도드라지게 나타내고 있는 몇 가지 점들을 짚어 설명하는 방식으로 이루어질 것이다.

우리나라에서 대중가요가 본격적으로 연구의 대상이 된 것은 이영미의 《한국 대중가요사》 이후부터일 것이다. 그러나 아직 그런 진지한 담론에 대한 저항감이 만만치 않게 존재하고, 실제적인 체험과 이론적인 담론 사이에 괴리가 커서 많은 사람들을 피곤하게 만든다는 이야기도 들린다. 대중가요라고 하면 즐기는 사람조차도 하찮게 여기는 것이지만, 사실 그 사회적 파급력은 너무도 위력적이다. 대중음악은 언제 어디서나 들을 수 있으며, 따라서 우리의 몸과 무의식에 새겨지고 있기 때문이다.

대중가요의 관습이라는 틀은 노래의 보편적 문법을 확인하는 동시에 그것이 지닌 가요로서의 위상을 적극적으로 밝히려는 의도에서 고안된 것이다. 관습이란 오랜 기간에 걸쳐 확립되며 여러 세대를 거쳐 되풀이된다는 특성을 지닌다. 오랜 적응의 과정을 거쳐 내면화된 관습은 그것을 받아들인 주체의 일부를 이루기도 한다. 즉 관습은 주체를 타자와 구분 짓게 해주는 경계인 동시에 반복되는 진부한 패턴이라는 이중의 의미를 띄고 있다. 그렇다면 가요의 관습이란 무엇이며, 발라드의 관습이란 무엇일까.


## 1. 상투성과 구체성

### (1) 발라드에 나타나는 상투성과 구체성

장르를 막론하고 우리 대중가요에서 상투적 표현은 매우 흔하다. 대중가요가 폄하되는 이유 중의 하나도 그 노래가 그 노래, 그 가락이 그 가락인 것 같이 비슷비슷하게 되풀이되는 상투적인 어구들 때문이다. 특히 사랑을 노래한 노랫말들에서 이별 뒤의 상처와 그리움을 표현하기 위해 상투적인 표현을 사용한 예를 찾아내기란 어렵지 않다. 물론 시대의 변화에 따라 사랑에 대한 인식이 변하는 만큼 변화되는 면이 없을 리 없다. 그러나 '당신을 사랑한다, 그런데도 우리는 헤어져야 한다. 헤어짐에 무너지는 가슴을 어찌하랴, 잊지 못하겠다' 는 큰 틀에서부터 세부적 표현에 이르기까지 지속되는 면 또한 끈질기게 남아 있는 것이다.

대중가요는 저속하며 상투적이고 뻔한 정보만을 제공한다는 비판은 낯선 것이 아니다. 그러나 여기에서 말하는 저속성이 과연 무엇을 기준으로 하는지, 혹시 대중가요에 담겨 있는 대중의 현실적 감수성을 폄하하고자 하는 모종의 계급적 편견이 아닌지 반성해볼 필요가 있다.

상투적 표현은 '늘 쓰는', '입버릇처럼 된', '케케묵은', '진부한', '판에 박힌', '흔한'이라는 의미로 통용된다. 그런데 이런 말만 가지고서는 상투적 표현의 구체적인 개념이 잘 드러나지 않는다. 좀 더 세분해본다면 상투적 표현은 비유성, 과장성, 진부성, 대체 가능성 등 네 가지 특징을 지니고 있다.[37)

먼저 비유성이란, 표현하고자 하는 대상, 원관념을 위해 그것과 유사한 특성을 지니고 있는 다른 대상, 보조관념을 끌어다 빗대어 표현하는 것을 말한다. 이렇게 원관념을 나타내기 위해 그것에 대응하는 일반 표현 대신 '비유'를 이용하여 동일하거나 유사한 성질을 지니고 있는 다른 대상, 즉 보조관념을 끌어다 빗대어 표현하는 것은, 원관념을 보다 새롭고 생동감 있게 전달하여 이해의 효과를 높이고자 하는 의도에서 비롯된 것으로 볼 수 있다. 그 예로는 '달덩이 같은 얼굴', '몸이 집채만 하다', '쥐꼬리만 한 월급', '물이 오르다', '바가지를 긁다'[38)] 같은 것을 들 수 있다.

과장성은 표현하고자 하는 대상을 실제보다 과대하게 혹은 과소하게 묘사하는 것을 말한다. 표현을 하다 보면 어느 정도의 과장은 있기 마련인데, 상투성의 특징 가운데 하나로 지적되는 과장은 다음과 같은 것이다.

날아갈 듯한 기분
손이 발이 되도록 빌다
마당이 코딱지만 하다.

진부성은 그 나라 언어를 사용하는 언중들에게 널리 확산되어, 지나치게 반복 사용됨으로써 식상한 느낌을 주게 되는 것을 말한다. 한 개인에게서 시작된 표현이 그 나라말을 사용하는 사람들에게 널리 퍼져 차별이나 구별 없이 골고루 사용되게 되면 어느 선에선가 과용이라는 한계에 도달하게 된다. 결국 처음에는 참신하고 창조적이었던 표현이 지나치게 반복적으로 사용되면서 식상한 표현이 되어 언중들에게 진부함과 거부감을 주게 되는 것이다. '상투적'이라는 말에는 사용자의 생각이나 표현이 독창적이지 못하다는 비난의 뜻이 내포되어 있다고 할 수 있다.

상투적인 표현이 쉽게 진부한 느낌을 주는 이유는 상투적인 표현이 가진 '대체 가능성'과 밀접한 관련이 있다. 상투적인 표현은 같은 의미를 지닌 다른 표현으로 바꿀 수 있는 것임에도 불구하고 한 가지 표현만을 반복 사용함으로써 진부한 느낌을 주는 것이다. 따라서 '진부하다'는 개념 속에는 새롭고 창조적인 것으로 바꾸고 싶다는 욕망이 잠재되어 있다.


얼굴이 홍당무 같다
얼굴이 딸기 같다


얼굴이 수박 같다
얼굴이 토마토 같다
얼굴이 고추 같다

즉 창조적이며 생산적인 다른 표현으로 충분히 묘사할 수 있는데도 고정적으로 어떤 한두 가지 표현만을 계속 반복해서 사용하게 되면, 듣는 이에게 효과적이고 강력하게 주지시킬 수가 없게 된다.

물론 처음부터 모든 표현이 상투적이었을 리 없다. 처음에는 새롭고 참신한 어법이었을지도 모른다. 그러나 그것이 계속 반복 사용되면서 어느덧 처음의 상쾌함은 사라지고, 빠른 속도로 진부와 상투의 나락으로 빠져버리게 된다. 또한 상투적이고 규격화된 표현이 속된 느낌을 주기도 하기 때문에 상투적인 표현을 쓰지 않으려고 애써 노력하는 흔적이 보이기도 한다. 그러나 그런 노력이 오히려 더욱더 상투적인 표현으로 나타나는 경우는 대중가요의 제목이나, 표현뿐 아니라 전체적인 구성에서도 찾아볼 수 있다.

그렇다면 상투적 표현은 다 쓸모없고 진부한 것이라 비난받아 마땅할까? 1980년대 후반의 발라드에서 구체적 표현이 돋보이게 된 것은 사실 이러한 상투적 표현을 기저에 둔 채, 그것을 바탕으로 새로운 표현의 길을 마련했기 때문이다. 다시 말해 상투적인 표현에도 나름의 기능이 있는 것이며, 이를 증명하는 것이 이 장의 목적이기도 하다.

옛날의 사랑 노래는 비교적 단순한 형태를 추구했다. 어떤 대상에 빗대어 자신의 심정을 간접적으로 표현하기보다는 '가지 마라' 혹은 '그리움이 사무친다', '나 정말 당신을 사랑해' 하고 자신의 심정을 직접적으로 이야기했다.

가지 마오, 가지 마오

나를 두고 가지를 마오

　—나훈아, 〈가지 마오〉(고향 작사·남국인 작곡)


그대 없는 세상

난 누굴 위해 사나

　—양희은, 〈내 님의 사랑은〉(이주원 작사·작곡)


사랑해 당신을 정말로 사랑해

당신이 내 곁을 떠나간 뒤에

얼마나 눈물을 흘렸는지 모른다오

　—라나에로스포, 〈사랑해〉(변혁 작사·작곡)


떠날 땐 말없이 떠나가세요

날 울리지 말아요

너무합니다 너무합니다

당신은 너무합니다

　—김수희, 〈너무합니다〉(윤항기 작사·작곡)


　이러한 직설은 의외로 1980년대 혹은 1990년대 노래에서
도 흔히 볼 수 있다. 직설적인 표현은 우리 가요에 있어 하나
의 표현 방식을 굳건히 구축하고 있는 것이다. 상투적인 표
현의 경우도 낡은 표현의 진부함이라는 측면에서 보면, 아
우라가 소거된 날것과 다름없다는 점에서 직설과 유사한 느

낌을 준다.

헤어질 사람이면 정들지 말고
떨어질 꽃이면 피지를 마라
　　—전영록, 〈애심〉(최선균 작사·김용기 작곡)

사랑은 이제 그만 추억으로 변해버려
꿈속의 안개처럼 멀어지고 말았네
　　—우순실, 〈슬픔이여 안녕〉(오주연 작사·작곡)

오늘도 그려보는 그리운 얼굴
그리움만 쌓이는데
밤하늘에 잔별 같은 수많은 사연
꽃은 피고 지고 세월이 가도
그리움은 가슴마다 사무쳐 오네
　　—이미자, 〈그리움은 가슴마다〉(정두수 작사·박춘석 작곡)

어둠 속에 헤매이는 외로운 등불이여
안개 속에 헤매이는 희미한 추억이여
　　—조용필, 〈꽃 바람〉(양근승 작사·조용필 작곡)

　대중가요에서 흔히 볼 수 있는 상투적 표현이란 다음과 같
다. 가버린 임 때문에 "땅이 꺼지듯 한숨을 쉬고" "목이 터지
게 불러 봐도" 그 임은 대답이 없으며, 지나가버린 추억은

"물거품 같이" 사라져버렸지만 "보름달 같은 얼굴, 반달 같은 눈썹, 앵두 같은 입술"의 그 임은 언제나 내 마음 속에 새겨져 있다. 떠나 가버린 임을 생각하면 "하늘이 무너지는 것 같고" "가슴이 찢어지는 것 같으며" 어쩌다 임을 다시 만나게 되면 "꿈이라도 꾸는 것만 같다". 그러나 다시 만난 임은 나를 "낯선 사람 대하듯 할 뿐" 내 마음을 알아줄 리 없으니 나는 "벙어리 냉가슴"만 앓을 뿐이다.[39] 내가 표현하고자 하는 대상을 다른 사물로 대치하는 은유적 표현 방식도 간간이 사용되고는 있으나, 위의 예에서 보듯 역시 주류를 차지하는 것은 ~처럼, ~같이로 표현된 직유의 방식이다. 이러한 직유의 방식은 대상을 바라보면서 다른 대상을 떠올리게 되는 사유의 과정을 보여준다는 면에서 은유보다 덜 세련되었지만, 솔직하고 원초적인 힘을 나타낸다는 장점도 있다. 그러나 앞서 지적했던 바와 같이 그 진부함을 떨쳐버리기는 어렵다. 그렇다면 이런 표현들을 참신하고 색다른 표현으로 바꾸어버리면 어떻게 될까?

> 비 맞은 태양도 목마른 저 달도
> 내일의 문 앞에 서 있네
> 아무런 미련 없이 그대 행복 위해 돌아설까나
> ─구창모, 〈모두 다 사랑하리〉(김정선 작사·김수철 작곡)

비 맞은 태양? 목마른 저 달? 어쩐지 어색하다. 진부한 상투적 표현에서 그나마 확보되던 의미의 명확성조차 희미해져버린다. 이런 면에서 1970년대에 〈이루어질 수 없는 사랑〉과 같은 포크 계열의 노래가 인기를 얻을 수밖에 없었던 이유가 짐작된다. 이 곡에서는 직설이나, 직설과 다름없는 흐느낌 내지 탄식이 아니라, 사랑과 이별의 아름다운 장면이 감각적으로 묘사된다. 편지 속에 곱게 접어 부친 손수건을 꺼내보는 장면, 그 손수건으로 연상되는 언덕 위의 이별 장면, 하얀 손수건을 얼룩지게 했을 그녀의 눈물. 매우 슬프지만, 그 슬픔은 매우 절제되어 있으며, 하얀 손수건과 눈물을 중심으로 과거와 현재가 겹쳐진다.[40]

이런 측면에서 다음과 같은 표현들은 비록 상투적으로 굳어져버리기는 했으나 의미의 진정성이 살아나는 효과적 표현이라고 생각할 수 있다. 두 곡 모두 사랑을 정의하고 있다는 점에서 공통점이 있다.

사랑이 무어냐고 물으신다면
눈물의 씨앗이라고 말하겠어요
—나훈아, 〈사랑은 눈물의 씨앗〉(남국인 작사·김영광 작곡)


사랑을 쓰려거든 연필로 쓰세요.
사랑을 쓰다가 쓰다가 틀리면
지우개로 깨끗이 지워야 하니까
—전영록, 〈사랑은 연필로 쓰세요〉(유명진 작사·남국인 작곡)

"사랑은 눈물의 씨앗"이라는 말은 이제 사랑을 정의하는 명언의 하나로 굳어진 표현이다. 그러나 이만큼 사랑을 잘 정의한 말이 또 있을까? 수많은 사랑 노래들이 사랑하는 그 순간이 아니라 사랑이 끝난 뒤의 회한과 추억, 슬픔을 노래하고 있다는 사실을 떠올린다면, 이 표현만큼 적절한 것은 없을 것이다. 전영록의 히트곡인 〈사랑은 연필로 쓰세요〉도 마찬가지다. 사랑의 괴로움에 몸서리를 치며 과거를, 사랑했던 추억을 잊으려 해도 자꾸만 기억나는 그 사람…. 그 모습과 기억을 지우려고 애써본 경험이 있는 사람이라면, 연필로 씌어진 사랑을 지워버리고 싶다는 이 노랫말에 공감하지 않을 수 없다. 위에서 예로 든 노랫말의 경우, 다분히 상투적임에도 이를 단지 상투적으로만 느끼지 않게 만드는 핵심 요소는 "눈물의 씨앗" 또는 "연필로 쓰세요"라는 구체적인 표현이 포인트가 되기 때문이다.

사랑을 진지한 담론의 대상으로 두고, 사랑에 대한 새로운 시각을 보여주던 1980년대 중후반의 발라드에서도 상투적 표현들이 보이지 않는 것은 아니다. 그것은 이른바 발라드의 본격적인 출발점이라고 하는 다음 노래에서도 나타난다.

아 당신은 당신은 누구시길래
내 맘 깊은 곳에 외로움 심으셨나요
그냥 스쳐 지나갈 바람이라면
모르는 타인들처럼 아무 말 말고 가세요
잊으려 하면 할수록 그리움이 더욱 하겠지만

가까이하기엔 너무 먼 당신을 난

난 잊을 테요.

— 이광조, 〈가까이하기엔 너무 먼 당신〉


　내 맘 깊은 곳에 외로움을 심어놓았다는 것, 잊으려 하면 할수록 그리움은 더해간다는 것, 그럼에도 불구하고 나는 당신을 잊으려 애쓴다는 것 등은 기존의 사랑 노래와 크게 다르지 않을 뿐 아니라 한층 모호하게 느껴지기도 한다. 이 노래를 근사하게 만든 건 무엇보다 '가까이하기엔 너무 먼 당신'이라는 획기적인 제목과 화려한 반주, 그리고 애절하게 꺾어 부르던 이광조의 창법 때문일 것이다. 사실상 노랫말의 내용은 기존의 상투성에서 크게 벗어나지 못했어도, 허를 찌르는 신선한 제목의 힘을 입어 히트곡의 반열에 오른 노래들이 이 시기에는 드물지 않게 발견된다.

　"너를 처음 만난 날/소리 없이 밤새 눈은 내리고/끝도 없이 찾아드는 기다림/사랑의 시작이었어"(〈그 아픔까지 사랑한 거야〉), "나는 죽어도 너를 잊지 못할 거야/아침이면 떠날 님아/사랑이 저만치 가네/나 홀로 남겨 놓고서/세월아 멈춰져버려라/내 님이 가지 못하게"(〈사랑이 저만치 가네〉), "스쳐가듯 내 곁을 지나가고 돌아서서 모른 척하려 해요/내 마음에 강물처럼 흘러가는 그대는 무지갠가"(〈그대 내 맘에 들어오면은〉), "그대 발길이 머무는 곳에 숨결이 느껴진 곳에/내 마음 머물게 하여주오/그대 긴 밤을 지샌 별처럼 사랑의 그림 되어/내 마음 머물게 하여주오/그 곁에 살리라 그대"(〈그대 발길이 머무는 곳에)) 등은 모두 제목의 의미를 넘어서지 못하는 상투성이 보이는 노래들이다. 그러나 그대를 "그 아픔까지" 사랑하고, 사랑은 "저만치" 가버렸으며, 그대가 "내 맘에 (문을 열듯) 들어오면은" 하고 바라고, 그대의 "발길이 머무는 곳"에 내 마음도 머물고 싶다는 제목들은 이전의 막연함을 깨뜨리고, 사랑에 대한 또는 사랑하는 대상에 대한 구체적인 그림을 떠올리게 한다. 그러나 막상 노랫말의 내용은 앞에서 제시된 노래들과 큰 차이가 없이 진부하다.

> 손을 내밀면 잡힐 것 같이 너는 곁에 있어도
> 언제부턴가 우리 사이엔 흐르는 강물
> 이젠 건널 수 없네
> 내가 다가가면 너는 또 멀리 강둑 뒤에 숨어서
> 아름다웠던 지난 일들을 흘려보내고 소리도 없이 웃네
> 예 예 이젠 보이지 않네
> ─한영애, 〈건널 수 없는 강〉(이정선 작사·작곡)

> 달빛 아래 젖은 그 모습은 안타까운 꽃 한 송이
> 돌아서서 가는 그 모습은 멀리멀리 사라졌어요
> 오늘도 그리움에 젖어 기다려봐도
> 기다려보다 보이는 건 낙엽만 쓸쓸히 떨어져
> 방울방울 눈물지게 하네
> 너는 너는 내 마음을 알고 있는지 꿈속이라도 들려주세요
> 눈물 어린 목소리로

너는 너는 하얀 목련꽃을 지금도 좋아하나요.

계절이 두 번 바뀌면 활짝 웃고 있을 거예요

—방미, 〈계절이 두 번 바뀌면〉(백영규 작사·작곡)

〈건널 수 없는 강〉에서, 그대와 내가 만날 수 없는 이유가 강이 가로막고 있기 때문이라고 보는 것은 매우 전통적인 발상이다. "당신과 나 사이에 저 바다가 없었다면~" 하는 남진의 노래를 생각해보라. 그대를 꽃에 비유하고, 계절에 비추어 화자의 심정을 토로하는 〈계절이 두 번 바뀌면〉 역시 그리움과 눈물로 점철된 상투적인 표현 양상을 보여준다.

진정한 이 시기 발라드만의 특성들, 이전과는 다른 새로운 면을 보여주는 노래들은 제2장에서 집중적으로 분석되었듯, 구체적인 상황과 표현을 통해 사랑의 상황과 스토리를 그대로 드러내는 작품들이다. 그 구체적인 표현이란, 구체적인 공간 설정으로 드러나기도 하고(〈광화문 연가〉), 사랑하고 헤어지는 구체적인 상황의 설정으로 나타나기도 하며(〈기다려줘〉, 〈기쁜 우리 사랑은〉, 〈남남〉, 〈사랑하기에〉), 구체적 어투와 이미지(〈안녕이라고 말하지 마〉, 〈민들레 홀씨 되어〉, 〈잃어버린 우산〉)로써 부각되기도 한다. 그러나 어느 쪽이든 새롭게 등장한 표현 방식이라기보다는 기존의 상투성을 활용하고, 상투성을 바탕으로 새롭게 발전시킨 구체성이다.

그토록 사랑했던 그녀가 오늘밤 내 곁에서 떠나갔네

소리를 내지는 않았지만 어깨를 들썩이며 돌아섰네

담배 연기에 눈물을 흘릴 뿐이라고 말했지만
슬픔이 물처럼 가슴에 고여 있기 때문이죠
오늘밤만은 내게 있어줘요, 더 이상 바라지 않겠어요
아침이면 모르는 남처럼 잘 가라는 인사도 없이
사랑해요 그것뿐이었어요
사랑해요 정말로 사랑했어요
―최성수,〈남남〉(최성수 작사·작곡)


사랑하기에 떠나신다는 그 말 나는 믿을 수 없어
사랑한다면 왜 헤어져야 해 그 말 나는 믿을 수 없어
하얀 찻잔을 사이에 두고 그대에게 하고 싶은 말
사랑한다는 말하기도 전에 떠나가면 나는 어떡해
홀로 애태웠던 나의 노래가
오늘 이 밤 다시 들릴 듯한데
그 많았던 순간 우리의 얘기
저 하늘에 그대 가슴에 들릴 듯한데
날 사랑한다면 왜 떠나가야 해
나에겐 아직도 할 말이 많은데
정녕 내 곁을 떠나가야 한다면 말없이 보내드리겠어요
하지만 나는 믿을 수 없어요 그대 떠난다는 말이
사랑하기에 떠나신다는 그 말 나는 믿을 수 없어요
―이정석,〈사랑하기에〉(조정열 작사·작곡)


소리내지 마 우리 사랑이 날아가버려

움직이지 마 우리 사랑이 약해지잖아

얘기하지 마 우리 사랑을 누가 듣잖아

다가오지 마 우리 사랑이 멀어지잖아

안녕이라고 말하지 마 나는 너를 보고 있잖아

그러나 자꾸 눈물이 나서 널 볼 수가 없어

안녕이라고 말하지 마 우린 아직 이별이 뭔지 몰라

　　　　―이승철, 〈안녕이라고 말하지 마〉(박광현 작사·작곡)


난 아직 그대를 이해하지 못하기에

그대 마음에 이르는 길을 찾고 있어

그대의 슬픈 마음을 환히 비춰줄 수 있는

변하지 않을 사랑이 되는 길을 찾고 있어

어디서 찾을 수 있을까 그대 마음에 다다르는 길 찾을 수 있을까

언제나 멀리 있는 그대

기다려줘 기다려줘 내가 그대를 이해할 수 있을 때까지

기다려줘 기다려줘 내가 그대를 이해할 수 있을 때까지

　　　　―김광석, 〈기다려줘〉(김창기 작사·작곡)


　위에서 예로 든 것은 '사랑하는 사람과의 이별'이라는 보편적인 주제를 다루고 있는 노래들이다. 이별했으나(혹은 이별을 앞두고 있으나) 아직 그녀를 사랑한다든가 잊을 수 없다는 점은 기존의 사랑·이별 노래와 다를 바가 없는 듯하다. 그러나 함께 있는 오늘이 지나고, 내일이 오면 남남이 되고 말 것이라는 깨달음(〈남남〉), 사랑한다고 말하면서 왜 떠나가야 하는지, 그런

말은 믿을 수가 없다는 항변(《사랑하기에》), 안녕이라는 말을 하기 위해서라면 소리를 내지도, 움직이지도, 애기하지도, 다가오지도 말라는 안타까운 호소(《안녕이라고 말하지 마》), 이별을 고하는 그대의 마음을 이해할 수 없으니, 이해할 수 있을 때까지 또는 그대 마음에 다다르는 길을 찾을 수 있을 때까지만 기다려달라는 부탁(《기다려줘》)은 기존의 이별 공식을 슬쩍 벗어나거나, 한걸음 더 나아간 표현의 경지를 보이고 있어 새롭다. 그러나 이 같은 새로움을 빛나게 하고 그 의미를 분명하게 드러내주는 것은 오랜 시간 쌓여온 상투성에 기반하고 있음을 잊어서는 안 될 것이다.

### (2) 상투성의 의미와 가치

문체론의 대상이었다가 시학의 대상이 된 클리세cliche, 곧 상투어는 미학적인 효과 면——수준 낮은 문체의 특성으로 평가——에 이어 텍스트 생산에서의 기능과 역할 측면에서 검토되었다.[41] 상투적인 표현들을 미학적으로 거부하는 까닭은 다름 아닌 '독창성' 때문이며, 반대로 더욱 중시하는 이유는 바로 독자의 반응이라는 효과 때문이다. 미학적인 관점에서 본다면 상투적 표현이란 '이미 본, 되풀이된, 닳은, 구태의연한' 것이기에 가치가 없다.

문학적으로 볼 때 상투적 표현은 지시 대상, 즉 기의는 전혀 남아 있지 않고 기표만 남아 있는 꼴이다. 그러나 그 기표 안에 자기의 기의를 채울 수 있다는 장점도 있다. 이런 상투적 표현들은 진부하든 고급하든 다른 텍스트와의 관계를 드러내며, 동시에 표현방식의 사회·역사적 효과와의 관계도 나타내게 된다. 대중가요에서 상투적 표현이 문제가 된다면 그것은 문학적, 미학적 기능과 더불어 그것이 가진 사회적 기능 때문이다. 곧 노랫말의 상투적 표현들이 어떠한 미적 효과를 가져오는가와 함께, 왜 하필 이러한 상투적인 표현들을 즐겨쓰는가, 왜 대중들은 상투적 표현을 선호하는가, 왜 하필 그런 상투적 표현들이 그 당시에 쓰였는가 하는 추적도 가능하기 때문이다.

대중가요의 노랫말을 포함한 넓은 범위의 대중문학은 상투적인 형태의 표현에 몰두할 수밖에 없다. 정형화된 표현들을 통해, 곧바로 이해할 수 있는 쉬운 표현을 선호하는 대중의 욕구에 부응할 수 있는 까닭이다. 평균적인 독자라면 당연히 자신에게 친숙한 영역에 놓여 있는 일반적인 개념과 전형적인 설정을 포함한 이야기를 선호할 것이다. 이미 인정된 규범들과 단절하고 혁신을 시도함으로써 존재를 증명하는 아방가르드 텍스트에 반해, 대량 생산되는 대중적인 텍스트들은 독자들에게 가장 많이 알려져 있는 형태, 즉 쉽게 인지할 수 있고 이해할 수 있는 형태의 표현을 제공하면서 독자들을 유혹한다. 바로 이런 목적에서 문학적 표현들에 비해 가치가 떨어진다고 여겨지는 상투적인 표현들이 선택되는 것이다. 부르디외Pierre Bourdieu가 "대량 생산의 장"[42]이라고 부른, 대중을 겨냥한 문학은 보통의 소비자들이 쉽게 이해할 수 있는 기호를 즐겨 사용하면서 혹시 일어날지도 모르는 소통-의미 전달의 단절을 피해간다. 대중적인 텍스트들은 진부한 형태들과 비평적 거리를 두지 못하기 때문에 수준 높은 독자나 전문가로부터 외면당하는 반면, 대중의 사랑과 신용을 얻게 되는 것이다.

제임스 본드 시리즈를 분석한 에코Umberto Eco에 따르면, 상투적이고 정형화된 타입을 취한 작품들이 다양한 유형의 독자들을 유혹할 수 있고, 다각적 읽기로 이끌 수 있다.[43] 상투적인 내용이라면 비록 정밀하지 못한 독자라도 텍스트가 가지고 있는 성향을 쉽사리 눈치 챌 수 있다. 독자의 입장에서 상투화된 스토리 전개, 인물 구성, 대사의 교환은 텍스트의 과정 및 결과를 예측하게 할 뿐만 아니라, 그 과정이 만들어낼지도 모르는 무한한 변이형으로 무한한 즐거움을 제공해 준다(최근 반복과 재생산을 되풀이하고 있는 텔레비전 드라마의 삼각구도 또는 출생의 비밀이 대표적인 예다).

결국 노랫말의 경우에도 이 전형성·상투성으로 인해 만드는 사람의 입장에서는 정형화된 타입을 익히고 관용적 구조들을 분석하면서 새로운 노랫말을 만들며, 듣는 사람의 입장에서는 노랫말이 기존의 요소들을 어떻게 다시 취하고 변형시키는가를 이해할 수 있는 것이다.

상투적 표현들은 물론 진부하긴 하지만, 진부하다고 피할 수가 없다. 진부하게 느껴질 만큼 보편적으로 받아들여진 이상 진실로 간주되기 때문이다. 대부분의 상투어들은, 어떤 한 사람이 감히 끊을 수 없을 정도로 수많은 사람들의 머리 속에 공통적으로 자리 잡게 된 관념이다. 상투적 표현은 원래의 표현이 해석될 수 있는 수많은 맥락 중에서 특별히 어느 한 쪽으로만 '받아들여진' '통용되는' 의미와 연관되어 있다. 이러한 사회 통념적 해석은 기꺼이 대중의 편견과 연결되어 있으며 사회 구성원 대다수의 합의를 바탕으로 한다.

이러한 상투적인 표현 방식들, 다시 말해서 기존의 문화 도식들의 도움을 받아 우리는 주변의 현실을 여과하게 된다. 리프먼Walter Lippmann에 의하면 이렇게 여과된 이미지들은 사회 안에서 살아가는 인간 모두에게 필수불가결하며, 이들이 없다면 각자는 개별적으로 흡수되는 감각들의 혼란 속에 파묻히게 될 것이다.[40] 개개인의 입장에서 현실을 이해하고 현실을 분류·분석하거나 현실의 영향을 받아들이는 일은 몹시 어렵다. 세상에 존재하는 모든 사물들을 어떤 유형이나 일반성으로 환원시키지 않는다면, 그 고유한 특수성과 세부 사항들을 어떻게 전부 검토할 수 있겠는가. 대상과 이미지들을 지나치게 단순화해 도식적인 유형만 보여주며, 이런 유형을 통해 또 다른 대상을 섣불리 규정짓게 될 우려가 있기는 하지만, 상투적 표현 방식의 유용성은 보편적인 대중에게 매우 긴요한 것이 될 수 있다.

사실 전형적인 상투어는 복합적이라기보다 단순하며, 정확하기보다는 허점투성이다. 현실에 대한 직접 경험보다는 간접적인 경험으로 이루어져 있기 일쑤고, 한번 굳어지면 좀처럼 변화하지 않기 때문이다. 그러나 때로 과도한 단순화와 보편화를 초래할지라도 그것은 개인을 둘러싼 세상을 인식하는 데 있어서 필수 불가결하며, 따라서 현대인의 인식과 믿음에서 중요한 위치를 차지하게 된다. 우리가 세상을 이해하고 예측하고 우리들의 행동을 결정할 수 있으려면, 이미 형성된 사고의 유형을 통해 낯선 것을 아는 것과 연관시키는 작업이 필요하기 때문이다.

이런 점에서 발라드 노랫말의 상투성은 상투성이라는 이유 때문에 비난받거나 폄하될 수 없다. 그 상투성은 대중의 기호를 전폭적으로 수용한 상투성이며, 나를 포함한 내 주변의 사람들의 생각과 마음을 이해하게 만드는 매개로서의 상투성이다. 이러한 상투성이 박건호, 양인자, 이영훈, 박주연 등의 구체성과 만날 때, 구체적 표현의 보편적 의미가 수많은 이들에게 공감을 불러일으키게 되는 것이다.


## 2. '사랑'이라는 주제의 지속과 변모[45]

### (1) 우리 가요의 보편적 주제, 사랑

우리 가요에서 가장 부각되는 특징은 무엇일까? 대부분의 사람들은 장르나 음악적 특성에는 그다지 주목하지 않기에 일반적으로 생각되는 대중가요의 중심 요소는 무엇보다 멜로디와 노랫말이다.

'한국인들은 멜로디를 워낙 좋아한다'라는 명제는 속설에 지나지 않지만, 어떤 검증된 이론보다도 막강한 힘을 발휘하고 있다. 또한 이른바 '한국적 멜로디'란 무엇인지 말로 설명하기 힘들기 때문에 감각에 호소할 수밖에 없다. 단지 이런 유형의 멜로디가 감상주의sentimentalism라는 과잉 감정을 유발

하는 측면이 있다는 점만은 확실하다. 그리고 이런 측면은, 드라마나 영화가 가지고 있는 멜로 드라마적 요소와도 깊은 관련을 가지고 있다.

멜로디와 더불어 노랫말은 다른 어떤 것보다도 '사랑의 진실과 이별의 아픔'이라는 테마에 의존하고 있다. 곧 '남자와 여자가 만나서 사랑한다/남자가 여자와 어떤 이유로 헤어진다/남은 쪽에서 떠난 쪽의 행복을 빈다(또는 잊지 못한다)'는 범위에서 크게 벗어나지 않는다.

프리스Simon Frith의 주장처럼 대중음악은 다른 대중예술 장르와 마찬가지로 대상에 대해 정의를 내리는 데 중요한 역할을 담당한다. 즉 대중가요에는 남자와 여자, 부자와 빈자, 성인과 청소년에 대한 정의가 함축되어 있다. 달리 말하면 대중음악은 성, 계급, 세대를 은밀하게 정의한다는 것이다.[46] 이러한 측면은 통상적 관념처럼 대중음악이 현실을 있는 그대로 반영하는 것이 아니라 구성하고 선도한다고 한다. 그러나 한국적 상황에서 우리의 대중가요는 이 모든 것을 초월적으로 규정해버리는 '한국적 사랑'이라는 관념 위에 서 있다. 우리 대중가요에 등장하는 인물은 개인이지만, 효과는 결코 '개인적'이지 않다. 이를 두고 '대중음악의 효과는 집단적이고 정치적이다'라는 손쉬운 결론을 도출할 필요는 없다. 일견 모순된 말인 것 같지만 가요의 효과는 개인화하는 것이지만 결코 개인적이지만은 않다는 것이다.

우리 대중가요 속에 나타난 낭만적 사랑을 다룬 한 논문에서는 시대에 따른 사랑의 형태를 임을 잃은 사람들의 사랑 노래

(1950년대까지), 낭만적 사랑의 정착(1980년대까지), 낭만적 사랑의 현실과 이상 간의 갈등 표출(1990년대 이후)로 나누어 살피고 있다. 이 논문에 따르면 우리 가요에서 사랑 관련 제재의 작품들이 점차 증가하는 것을 알 수 있다.[47]

(2) 발라드에 나타나는 사랑의 다양한 모습

우리 대중가요에서 나타나는 신파성과 멜로 드라마적 요소는 이미 다수의 연구자들로부터 지적받은 바와 같다. 이영미는《한국 대중가요사》에서 트로트로부터 이와 같은 신파적 세계양식을 읽어내고 있다. 일제 시대 대중가요의 노랫말은 대개 사적 세계나 자연 현상에 국한되어 있는데, 실향의 서러움이나 강산의 아름다움을 빼고 나면 남녀간의 사랑과 이별을 다룬 것이 대부분이라고 한다.

화자가 남자라면 나그네라서 임과 헤어져 있는 상황, 화자가 여성이라면 떠나서 돌아오지 않는 임을 한없이 기다리고 있는 상황, 이별 후의 상황에서 나오는 슬픔과 탄식이 주된 정감이다. 그것도 엉엉 우는 것이 아니라 흑흑거리면서 흐느끼는 슬픔, 그렇다고 내면으로 삭이는 슬픔이 아닌 겉으로 드러내는 슬픔, 떠나가는 임을 원망하거나 이런 이별의 상황을 부정하고 되돌리기 위해 노력하는 것이 아니라 스스로를 원망하고 운명으로 받아들여 체념하는 신파적 슬픔이다.[48]

즉 당시의 트로트에서 읽을 수 있는 비애는, 이와 같이 현실에 대한 좌절된 욕구를 마음속으로는 끝까지 포기하지 못하면서, 그것이 실현되지 않는 것은 자신의 탓으로 돌리는 비애라는 것이다.

> 운다고 옛사랑이 오리오마는
> 눈물로 달래보는 구슬픈 이 밤
> 고요히 창을 열고 별빛을 보면
> 그 누가 불어주나 휘파람 소리
> 차라리 잊으리라 맹세하건만
> 못생긴 미련인가 생각하는 맘
> 가슴에 손을 얹고 눈을 감으면
> 애타는 숨결마저 싸늘하고나
> 무엇이 사랑이고 청춘이던고
> 모도 다 흘러가면 뜻 없건마는
> 외로워 느끼면서 우는 이 밤을
> 바람도 문풍지도 애달프고나
> ─ 남인수, 〈애수의 소야곡〉(이노홍 작사·박시춘 작곡)

이 노래 역시 첫 소절에서부터 화자는 자신이 원하는 사랑을 얻을 수 없음을 전제하고 있다. 그래서 잊으리라 맹세하건만 잊지 못하고 밤이면 그 사람을 생각한다. 사랑을 이루지도 못하고 그렇다고 잊지도 못하는 자신을 힐책하지만 그 슬픔에서 헤어날 수 없다. 남녀간의 사랑이란 불가항력적인 힘이어서 상대방을 마음대로 할 수도 없으며 그렇다고 잊을 수 있는 것도 아니라는 생각이 사회적인 통념인데, 이러한 트로트의 신파적인 태도와 이루지 못한 사랑이라는 제재는 서로 잘 어울린다. 한편 이루지 못한 사랑에 대한 화자의 태도가 폭발적 분노나 안절부절못하는 불안감이나 슬픔의 절규가 아니라, "운다고 옛사랑이 오리오마는"이라는 것은 그야말로 트로트의 독특한 태도이다. 화자는 자신의 무력함을 너무나도 쉽게 인정하고 다른 적극적 행동을 지레 포기하지만, 그러면서도 잊지 못한다. 그러니 이 노래의 슬픔은 '눈물로 달래보는' 자기 위안이나 '외로이 느끼면서 우는' 애달픈 슬픔에 젖어 '조용히 창을 열고 달빛을 보며' 눈물짓는다는 그런 질감의 슬픔이 된다.[49]

그러나 시대를 뛰어넘어 1980년대의 발라드에서도 이런 유의 슬픔이 그대로 남아 있는 작품을 찾기가 어렵지 않다.

라일락 꽃향기 맡으면 잊을 수 없는 기억에
햇살 가득 눈부신 햇살 안고 버스 창가에 기대 우네
가로수 그늘 아래 서면 떠나가는 그대 모습
어느 찬 비 흩날린 가을 오면 아침 찬 바람에 지우지
이렇게도 아름다운 세상 잊지 않으리, 내가 사랑한 얘기
우우 여위어 가는 가로수 그늘 밑 그 향기 더하는데
　　—이문세, 〈가로수 그늘 아래 서면〉(이영훈 작사·작곡)

바람 속으로 걸어갔어요. 이른 아침의 그 찻집
마른 꽃 걸린 창가에 앉아 외로움을 마셔요
아름다운 죄 사랑 때문에 홀로 지샌 긴 밤이여
뜨거운 이름 가슴에 두면 왜 한숨이 나는 걸까

아아 웃고 있어도 눈물이 난다

그대 나의 사랑아

—조용필, 〈그 겨울의 찻집〉(양인자 작사·김희갑 작곡)

배경의 설정이나 소품이 달라지기는 했지만, 담겨 있는 정
서는 사랑하는 이를 잃은 슬픔과 체념이 주조를 이룬다. 그
대는 떠나갔는데 나는 그대를 쉽게 잊기가 어렵다, 이때의 그
대는 유일무이하며, 단 하나의 사람을 향한 사랑은 무겁고 짙
게 화자의 마음을 짓누르는 것이다. 이러한 사랑의 방식은 '사
랑' 자체에 대해 새로이 눈을 뜨면서 가벼운 스케치로 이상적
인 사랑의 모습을 그린 1970년대 노래와는 사뭇 다른 양상을
보여준다.

1970년대식의 사랑은, 라일락 꽃향기 흩날리던 교정에서 처
음 만나(〈우리들의 이야기들〉), 긴 머리에 짧은 치마 차림으로 토
요일 밤이면 애인을 만나기도 하며(〈토요일 밤에〉), 가방을 둘
러메고 하루 종일 함께 걸어 다니다가 길가에 앉아서 얼굴을
마주보고 이야기하기도 한다(〈길가에 앉아서〉). 축제의 황홀한
밤에 스치듯 만나는 사랑도 있고(〈축제의 노래〉), 바닷가로 캠
핑 가서 모닥불 피워놓고 밤새 사랑을 속삭이기도 한다(〈모닥
불〉, 〈라라라〉). 이들은 싸우고 토라져도 금방 화를 풀고 다시 사
랑할 준비가 되어 있다. '사랑 싸움'조차도 달콤하다(〈화가 났
을까〉).

조개껍질 묶어 그녀의 목에 걸고

물가에 마주 앉아 밤새 속삭이네

저 멀리 달그림자 시원한 파도 소리

여름밤은 깊어만 가고 잠은 오지 않네

　　—윤형주, 〈라라라〉(윤형주 작사·작곡)


웃음 짓는 커다란 두 눈동자 긴 머리에 말없는 웃음이

라일락 꽃향기 흩날리던 날 교정에서 우리는 만났소

비가 좋아 빗속을 거닐었고 눈이 좋아 눈길을 걸었소

사람 없는 찻집에 마주 앉아 밤 늦도록 낙서를 했었소


(후렴) 밤하늘에 별만큼이나 수많았던 우리의 이야기들

바람같이 간다고 해도 언제라도 난 안 잊을 테요

　　—윤형주, 〈우리들의 이야기들〉(윤형주 개사·외국곡)


가방을 둘러멘 그 어깨가 아름다워

옆모습 보면서 정신없이 걷는데

활짝 핀 웃음이 내 발걸음 가벼웁게

온종일 걸어다녀도 즐겁기만 하네


(후렴) 길가에 앉아서 얼굴 마주보며

지나가는 사람들 우릴 쳐다보네

　　—김세환, 〈길가에 앉아서〉(윤형주 작사·작곡)


　　1970년대를 보내고 맞게 된 1980년대의 사랑 노래는 트로트의 맥을 잇는 듯한 이별의 슬픔을 다룬 노래가 있는가 하면, 이보다 훨씬 복잡하고 다양화된 사랑의 모습을 보여주기도 한다. 앞서 살펴본 것처럼 1980년대 후반에 발라드가 새로운 형태의 노래로 자리 잡아가면서, '사랑하면 행복하고 헤어지면 슬프고' 하는 식의 단순한 이분법이 아니라, 보다 복잡한 감정의 내용이 다양한 방식으로 펼쳐지기 시작한다.

먼저, 1980년대에는 남녀 간의 데이트가 결혼 상대를 만나기 위한 필수 과정으로서 자리매김하게 되면서, 사랑하고 있지 않으면 왠지 자신이 부족한 것처럼 느껴지고 사랑을 하고 싶다는 강렬한 바람을 갖게 된다는 것[50]을 특징으로 들 수 있다.

오랜 시간을 나 홀로 너무 외로워
끊임없는 고독 속에 견딜 수 없어
기나긴 밤을 나 홀로 너무 외로워
방황하며 지내기엔 지쳐버렸어
사랑하고 싶어 이젠 사랑하고 싶어라
사랑하고 싶어 이젠 사랑하고 싶어라
누구라도 끝없이 사랑하고 싶어라
가슴 아픈 느낌 갖고 싶어 애가 타는 느낌도
의미 없이 지나는 하루하루 속에서
사랑을 하고 싶어
　　—소방차, 〈사랑하고 싶어〉(지예 작사·박청귀 작곡)

인기 댄스그룹이었던 소방차가 부른 이 노래에서, 작중 화자는 혼자 있는 시간이 너무 외롭고 고독을 더 이상 견딜 수 없기 때문에 사랑하고 싶다고 토로하고 있다. 그런데 재미있는 것은 "누구라도 끝없이 사랑하고 싶"다는 부분이다. 화자는 가슴 아프고 애가 타는 느낌들로 매일 매일의 일상에 생기를 불어넣어줄 사랑 그 자체를 희구하고 있는 것이다. 그리고 그런 감정을 느끼게 해줄 사람이라면 상대가 누구인지는 중요하지 않다.

　이렇게 특정 대상을 사랑하고 희구하는 것이 아니라 사랑 그 자체를 소망함과 더불어, 1980년대 발라드는 자신이 규정하는 사랑은 어떤 형태인가를 보여주는 이른바 사랑에 대한 담론들을 생성하게 된다.

> 만날 수 없잖아, 느낌이 중요해
> 난 그렇게 생각해, 너무 단순해도 난 싫어
> 한 번을 만나도 느낌이 중요해
> 난 그렇게 생각해, 너무 빠른 것도 난 싫어
> 너는 사랑을 말하지만 그건 좀 곤란해
> 진짜 사랑이란 건 서로 느낌이라는데
> 나는 사랑을 아직 몰라 조금 더 기다려
> 진짜 사랑한다면 조금 더 참아주겠지
> ―이지연, 〈난 사랑을 아직 몰라〉(유현상 작사·작곡)

　이 노래는 사랑 고백을 받는 사람의 입장에서 썼다는 점에서도 이전의 노래들과 차별성을 보인다. '사랑은 느낌이다', '진짜 사랑한다면 상대방이 준비가 될 때까지 기다려주는 것이다'라고 사랑에 대한 담론을 반영하고 있다. 또 '너무 단순하고 빠른 사랑은 별로 매력이 없다'고도 말한다. 이 노래의 화자는 자신을 사랑한다면서 찾아오는 상대에게 "한 번을 만나도 느낌이 중요"하기 때문에 곤란하다고 한다. 그런데 이렇게 느낌을 중요하게 생각하게 된 데에는 진짜 사랑이라는 건 서로의 느낌이라는 말을 어디에선가 들었기 때문이다. '사랑은 서로 첫눈에 반하는 것이다', '진짜 사랑이 찾아왔을 때는 서로 느낌으로 통한다. 느낌으로 알 수 있다'는 담론이 사람들에게 내면화되어 있음을 반영하는 동시에 이 노래를 통해서 그런 담론이 유포되는 것이다.

한편으로 사랑하고 있음에도 행복한 것이 아니라 더욱 외로움을 느끼게 되고, 가까워져야 할 당신이 더욱 멀게 느껴진다는 내용(〈가까이하기엔 너무 먼 당신〉, 〈너를 사랑하고도〉)으로, 사랑이라는 감정의 복잡 미묘함을 나타내기 시작하는 것도 이 시기의 특징이다.

사랑함에 세심했던 나의 마음이
그렇게도 그대에겐 구속이었소
믿지 못해 그런 것이 아니었는데
어쩌다가 헤어지는 이유가 됐소
내게 무슨 마음의 병 있는 것처럼
느낀 만큼 알 수 없는 사람이 되어
그대 외려 나를 점점 믿지 못하고

왠지 나를 그런 쪽에 가깝게 했소

나의 잘못이라면 그대를 위한

내 마음의 전부를 준 것뿐인데

죄인처럼 그대 곁에 가지 못하고

남이 아닌 남이 되어버린 지금에

기다릴 수밖에 없는 나의 마음은

퇴색하기 싫어하는 희나리 같소

—구창모, 〈희나리〉(추세호 작사·작곡)

이 노래는 사랑에 있어서의 세심함이 상대방에게는 의심과 구속으로 느껴져 이별의 이유가 될 수 있다는 것, 사랑을 '느낄 수는 있는데' 그 느낌만큼 상대방을 잘 '알 수는 없다는 것', 즉 '느낌'과 '앎'이 일치하지 않으며 때로는 서로 상반될 수 있다는 것, 나의 사랑은 나의 병이고, 그것은 그대가 내 사랑을 병으로 몰아갔기 때문이라는 것 등의 단순하지 않은 심상, 실제로 사랑의 과정에서 나타날 수 있는 오해와 거리를 다루고 있다는 점에서 흥미롭다. 이는 박주연의 노랫말에서도 지적했듯이, 노랫말이 이별 뒤의 상황 및 감정만을 유달리 강조하고 중점적으로 묘사하는 데서 벗어나, 사랑에 빠지는 혹은 이별에 이르는 과정 및 그 과정에서 느껴지는 감정의 단계를 섬세하게 보여주게 되는 양상을 보여준다. 그러나 나의 마음은 희나리처럼 변치 않겠다는 결심을 보여줌으로써 여전히 전통적인 정서의 맥락을 잇고 있는 면도 있다.

이처럼 1980년대 중후반에 등장한 발라드는 사랑을 노래하며, 이별 뒤의 슬픔을 토로하거나 변함없는 사랑에 대한 다짐을 하고 있다는 점에서는 이전의 전통을 따르고 있으나, 그런 가운데 시대를 반영하는 다양한 변모의 양상을 보여주고 있다는 점에서 주목된다.

다른 한편으로, 1990년대 이후 본격적으로 나타나게 될 현상들의 실마리가 드러나기도 한다. 1980년대를 거치면서, 사람들이 사랑을 특별한 사건으로 대하지 않고 일상으로 끌어들이고 있음을 알 수 있다. '영원히 사랑하겠다'는 막연한 맹세에 그치지 않고, 사랑하는 사람과 아침에 함께 눈뜨고 싶고 일상을 나누고 싶고, 평생을 함께하고 싶고, 서로 닮은 아이를 낳고 싶다는 구체적인 욕구를 드러내고 있는 것이다. 1960년대 가요에서 사랑이 결혼을 지향하는 것이었다면, 1980년대 이후에는 사랑과 결혼의 의미와 결합이 다양한 방식으로 분기되기 시작한다.

> 매일 그대와 아침 햇살 받으며
> 매일 그대와 눈을 뜨고파
> 매일 그대와 도란도란 둘이서
> 매일 그대와 애기하고파
> 새벽 비 내리는 거리도 저녁놀 불타는 하늘도
> 우리를 둘러싼 모든 걸 같이 나누고파
> 매일 그대와 밤의 품에 안겨서
> 매일 그대와 잠이 들고파
> ―들국화, 〈매일 그대와〉(최성원 작사·작곡)

숨 가쁘게 살아가는 순간 속에도
우린 서로 이렇게 아쉬워하는걸
아직 내게 남아 있는 많은 날들을
그대와 둘이서 나누고 싶어요
내가 사랑한 그 모든 것을 다 잃는다 해도
그대를 포기할 수 없어요
내 삶이 끝나는 날까지 나는 언제나 그대 곁에 있겠어요
이 세상 어느 곳에서도 나는 그대 숨결을 느낄 수 있어요
—무한궤도, 〈그대에게〉(신해철 작사·작곡)

위의 예들을 통해서 사랑이 결혼의 필수조건이고 결혼은 사랑의 결실로써 사랑의 의미가 완전히 확립된 것을 엿볼 수 있다. 사랑하는 사람과 결혼해야 한다는 이광수의 자유연애론이 막상 결혼이라는 제도와 합치되지 못하고 많은 사회문제를 야기했던 이후로 오랜 시간이 지난 끝에야 드디어 사랑과 결혼이 자연스럽게 연관되고 있는 것이다. 노래 속에서, 연애를 통해 결혼할 만한 사람을 만나게 되는 것, 그리하여 그 사람과의 열애 끝에 사랑을 이루어 결혼에 골인하는 것이 사랑의 완성으로 그려지고 있다.

그러나 1990년대 이후의 사랑 노래에서는 사랑하면서도 조건을 따지며 상대를 이리저리 가늠해보거나, 사랑을 하지만 결혼으로 직결되지 않는 모습이 보인다. 1980년대에도 사랑하기에 결혼한다는 낭만적 사랑의 신화와 현실 사이에는 거리가 존재했지만 적어도 사랑에 대한 담론 속에서는 낭만적

사랑의 이상을 충실히 그리고 있던 것에 비해, 1990년대에는 실재하는 현실적 간극을 보다 적나라하게 보여주게 된 것이다. 곧 사랑은 낭만적인 차원에서 일상적인 차원으로 바뀌게 된다.

넌 사랑을 해본 적이 있니, 아마 한 번쯤은 있을 거야
어떤 기억이 남아 있니, 있는 그대로를 생각해봐
사람들은 가끔 착각하지, 서로의 조건들을 좋아하고선 이게 사랑일 거라고
때로는 자신을 숨기며 드러내는 모습을 사랑을 위한 미덕이라 여기지
가식된 사랑은 언제나 솔직한 사랑을 이기고
자신의 거짓된 욕구를 위한 이별에는 참된 사랑이란 미화를 하지
그래 우리에겐 진정한 사랑이란 있는 그대로를 인정하는 거야
우린 어느 정도 현실적인 사람들 서로 그런 걸 이해하면 되는 거야
　　　—이승환, 〈사랑에 관한 충고〉(정석원 작사·작곡)

어렸을 적 우리가 생각한 결혼은 설렘이었지
가장 사랑하는 이와 평생을 같이 산다는 것
하지만 나이가 들수록 배운 것은 결혼이란 조건을 맞추는 것
서로의 학벌을 들추며 집안은 어떤지 중요하지
사랑만으로는 살 수 없다 강요하면서

결국 결혼이란 사랑하는 사람과 하는 게 아냐

적령기에 만난 조건이 맞는 사람과 하는 것

어차피 서로의 정이란 살다 보면 자연스레 드는 거라 여기겠지

그러면 사랑은 내버려

부모가 골라준 일등 배필 만나 신데렐라 되어 평생 살면 되잖아

결혼은 서로의 값을 재는 거래가 아닐 거야

사랑을 완성시켜가는 생활일 뿐

—공일오비, 〈결혼〉(정석원 작사·작곡)

위에서 예로든 노랫말에서 결혼이나 사랑에 대한 환상은 완전히 제거되어 있다. 1990년대의 소설이나 영화는 그 이전에는 간과되었던 연애 '이후'의 상황을 다루면서 사랑이 가지고 있는 이면을 보여준다는 점이 특징이라고 지적된다. 즉 이전에는 연애 이전의 설렘이나 연애할 때의 황홀함에 대해서만 과장되게 표현했을 뿐 연애가 끝나갈 때의 지겨움이나 치가 떨림에 대해서는 거의 말하지 않았다. 설사 연애 이후의 감정을 말하더라도 '아, 옛날이여' '사랑은 가도 추억은 남은 것'이라는 과거에 대한 미화가 대부분이었다. 그러나 1990년대 소설이나 영화에서 사랑은 철저히 그 낭만성을 벗어버리고 '현실'이자 '일상'으로 나타난다. 즉 탈낭만화된 사랑이 강조되면서 연애가 합일과 조화의 행위임이 철저하게 부정되었고, 연애는 더 이상 위대한 것, 진지한 것, 아름다운 것이 아니었다. 이는 더 이상 낭만적 포장이 불가능할 정도로 연애 자체가 구체적이고 현실적인 삶의 부분이 되었기 때문이다. 이러한 현

상이 노래에도 전파되어, 위의 예들에서도 보듯 낭만이 제거된, 현실의 적나라함을 그대로 반영한 사랑의 모습을 보여주게 된다.

이렇게 사랑 노래의 지속과 변모 속에서, 1980년대 후반의 노래, 특히 발라드는 시기적으로뿐만 아니라 정서의 질감이라는 측면에서도 1970년대와 1990년대 사이의 과도적 형태를 보여주며, 사랑을 향한 진지함과 경솔함이 뒤섞인 상태를 드러낸다.

## 3. 추억과 기억의 방식

왜 사랑 노래는 늘 비슷비슷한 걸까? 사람들이 사랑하고 이별하는 모습들이 정말 그 노래들처럼 비슷하기 때문일까? 사람들의 사랑과 이별에 대한 기억들이 모두 개별적인데도, 왜 노랫말에 등장하는 이별의 장면과 후회의 정서는 크게 다르지 않은 걸까? 자신의 경험과 다름에도 불구하고 사랑에 관한 노래가 듣는 이의 마음을 울리는 이유는 무엇일까?

오늘도 그려보는 그리운 얼굴 그리움만 쌓이는데
밤하늘에 잔별 같은 수많은 사연
꽃은 피고지고 세월이 가도
그리움은 가슴마다 사무쳐오네
—이미자, 〈그리움은 가슴마다〉(정두수 작사·박춘석 작곡)

꿈이었다고 생각하기엔 너무나도 아쉬움 남아

가슴 태우며 기다리기엔 너무나도 멀어진 그대

사랑했던 마음도 미워했던 마음도

허공 속에 묻어야만 될 슬픈 옛 이야기

스쳐버린 그날들 잊어야 할 그날들 허공 속에 묻힌 그날들

—조용필, 〈허공〉(정욱 작사·정풍송 작곡)


그리움이 눈처럼 쌓인 거리를 나 혼자 걸었네. 미련 때문에

흐르는 세월 따라 잊혀진 그 얼굴이 왜 이다지 속눈썹에 떠오

르나

—최헌, 〈가을비 우산 속에〉(이두형 작사·백태기 작곡)


1980년대 중반, 발라드가 등장하기 전의 사랑 노래에서 추억의 형태는 대부분 이렇게 모호하다. 이별의 원인도 확실하지 않은 채 '사연' 또는 '옛 이야기' '세월'이라는 말로써 과거를 뭉뚱그리고, 남겨진 화자의 슬픔과 그리움만이 크게 강조될 뿐이다. 〈가을비 우산 속에〉처럼 "그리움이 눈처럼 쌓인 거리를 미련 때문에 나 혼자 걸었"다는 구체적인 행위가 등장하더라도 "그리움이 눈처럼 쌓인 거리"라든가 "미련 때문에"라는 표현은 식상할 정도로 진부하다.

빛바랜 사진첩을 뒤지는 행위는 그 자체로 매우 사적인 것이다. 또는 누군가가 사진첩을 보여줄 때, 그것을 옆에서 보는 사람들은 각각 자신의 상념을 더듬는 법이다. 그렇다면 어떻게 우리는 스스로의 기억을 복원하는가? 이 절에서는 사랑의 추

억을 노래한 노랫말이 갖는 일반성과 1980년대 후반 발라드가 제시한 구체성이 수용자의 기억에 어떻게 작용하는지, 각자의 개별적인 기억과 노랫말이 제시하는 추억이 어떻게 상호 관련되는지를 살펴보고자 한다.

(1) 기억이 상투적인 표현으로 드러나는 까닭

탄생, 취학, 청소년기, 대학 입학, 연애와 결혼, 중년, 노년단계에 걸쳐서 형성된 지각과 경험이 사람마다 각기 다른 것은 당연하다.[51] 그러나 그 개별적인 경험들은 성장해감에 따라 사회 관습에 따른 진부하고 규격화된 상투적 나열로 변해간다. 경험은 현저하게 진부한 상투어의 형태를 띠어가고 따라서 그러한 상투어의 형태로 회상된다.

본래 경험이나 지각은 기억하는 당사자가 보거나 듣기를 기대하는 것에 의해 결정되는데, 이때의 기대감이란 사회·문화적으로 교육된 것이라 할 수 있다. 있는 것을 그대로 보고 느끼는 능력은, 기대하는 것을 보고 느끼는 경향에 의해서 대체되는 것이다. 자신이나 타인의 이러한 지각 과정에 대해 주의를 기울여본 사람은, 경험과 그 경험을 보존하고 표현하는 생각이나 언어 사이에 어떤 거리가 있다는 것을 의식하게 될 것이다. 경험은 그것을 의식하고 기억하려고 하는 개인의 의지보다 언제나 훨씬 더 풍요하고 충실하다. 그러나 시간이 지남에 따라 기억된 내용이 본래의 경험을 점증적으로 대체하게 되고, 기억된 내용 자체가 현저하게 단조해지고 상투화된다. 다시 말해서 기억은 지각이나 경험보다도 한결 더 상투화된 뼈대 혹은 도식에 의해서 지배되는 것이다. 대중가요에 흔히 등장하는 추억이 상투적인 까닭은 대중가요가 속되기 때문이 아니라, 우리의 기억 과정 자체가 갖는 한계 때문이다.

우리의 기억은 한없이 불완전한 것이기에 각자의 추억을 유일무이한 것으로 간직하지 못하고 사회·문화적인 틀에 따라 단조롭고 상투적인 모습으로 바꾸어버리게 된다. 그러나 이러한 과정을 거꾸로 밟기도 한다. 즉 현저하게 상투적이고 단순한 도식을 보고도 자신의 구체적 경험을 떠올릴 수 있게 되는 것이다. 사실상 추억이 불러일으키고자 하는 것은 과거 그 자체의 사실적인 경험이라기보다는 정서적인 느낌과 분위기이기에, 한마디의 상투적 구절——특히 디테일한 표현이 뒷받침된 표현——을 듣게 되면 곧 풍부한 추억의 향기 속에 스스로를 맡길 수 있게 된다. 따라서 구체화되어 제시된 발라드의 노랫말 속 기억들은 비록 내 것이 아닐지라도 나의 추억을 떠오르게 만드는 강력한 매개로 작용할 수 있다. 구체적이고 상세한 추억을 기반으로 하는 노래들은 각 개인의 정서 속으로 들어와 여러 가지 모습으로 변화할 수 있기에, 곧 지극히 개인적인 것으로 전환하게 된다.

(2) 발라드의 추억, 그 구체성의 힘

그러나 앞서 설명했던 것처럼 1980년대 중반에 등장한 발라드 속의 추억은 훨씬 구체적이고 상세하다. 〈잊혀진 계절〉처럼 "시월의 마지막 밤"이라는 분명한 시간 속에서 우리가 헤어져야만 했던 그 장면이 고스란히 재현되거나, 〈Q〉에서

처럼 그녀의 결혼식 장면을 묘사하기도 하고, 〈옛사랑〉에서
처럼 추억을 떠올리게 되는 계기, 구체적으로 떠오르는 모
습, 그 추억이 내게 불러일으키는 감정이 소상하게 제시되기
도 한다.

> 너를 마지막으로 나의 청춘은 끝이 났다
> 우리의 사랑은 모두 끝났다
> 램프가 켜져 있는 작은 찻집에서 나 홀로
> 우리의 추억을 태워버렸다
>
> 하얀 꽃송이송이 웨딩드레스 수놓던 날
> 우리는 영원히 남남이 되고
> 자물쇠에 갇혀버리던 날
> 그날은 나도 술잔도 함께 울었다.
> ─조용필, 〈Q〉(양인자 작사·김희갑 작곡)

도식에 빠져들기 쉬운 기억의 미로 속에 1980년대 후반 발
라드가 보여주는 기억의 구체성은 어떤 의미가 있을까? 추억
의 재현은 우리가 얼마나 주의를 기울이느냐에 따라 얼마든지
무한히 확장될 수 있다. 추억의 세계를 풍부하게 만드는 것은
크든 작든 '디테일'일 것이다. 빠르게 흘러가는 삶 속에서 디테
일이 풍부한 추억을 되살려내기란 생각만큼 쉬운 일은 아니
다. 그러나 작고 사소한 디테일일지라도 일단 재현되면, 그것
은 물리적인 크기나 위치보다 훨씬 더 큰 힘을 발휘하게 된다.

"어떤 물건이 당신에게 말을 걸게 하기 위해서는 당신이 그것을 세상에 유일하게 존재하는 것으로, 당신의 일편단심의 헌신적인 사랑을 통해 우주 한가운데 놓이게 되는 유일무이한 현상으로 대하십시오"라는 릴케의 말처럼. 구체적이고 사소한 소품들은 매우 즉각적으로 추억을 되새김질하게 만든다. 따라서 구체화되어 제시된 기억들은 그것 자체가 내 것이 아니더라도, 곧 내 추억을 떠오르게 만드는 강력한 매개로 작용하게 된다[라일락 꽃향기, 버스 창가(〈가로수 그늘 아래 서면〉), 립스틱(〈립스틱 짙게 바르고〉), 베고니아 화분, 우체국, 서울(〈서울, 서울, 서울〉), 마른 꽃 걸린 창가(〈그 겨울의 찻집〉), 길모퉁이에 내리는 눈(〈그 아픔까지 사랑한거야〉), 봄비(〈그댄 봄비를 무척 좋아하나요〉) 등].

이렇게 구체적인 매개물을 통해 사람들은 각자의 추억으로 달려가게 된다. 발라드에서 제시된 추억의 장면은 엄밀히 말하자면 내 것이 아니기에, 내게 있어서는 텅 빈 기표로 비추어질 수 있다. 그러나 그것의 비어 있음은, 듣는 이들로 하여금 그 속을 계속해서 채워 넣고자 하는 욕망을 갖게 만들며 그 순간 각자의 기억들이 저마다 다른 방식으로 그 안으로 침투하게 한다. 어떤 영화를 보는 것, 어떤 노래를 듣는 것은 그저 누군가의 재구성된 기억을 보는 것이 아니라 자신의 기억을 재생하는 행위와 겹쳐지는 것이다. 아무도 그 기억이 진짜인지 가짜인지, 그 기억이 언제의 것인지, 어디서 일어난 일인지 묻지 않는다. 구체적이고 상세한 추억을 기반으로 하는 노래들이 불러일으키는 반응은 그것이 개인의 정서 속으로 다양하게 분화하고 변화된 모습으로 들어오기 때문이다. 노래의 정서는 듣는 사람들의 기억에 이미 박혀 있는 감상들에 강력하게 달라붙는다. 노래가 불러일으키는 추억이란 일정 정도의 공통분모를 바탕으로 시작되지만, 그것이 공감을 일으키는 순간에는 극히 개인적인 것으로 옮겨지는 것이다.

사실 추억이란 증명할 수 있는 과거의 사실 그 자체라기보다는 감각적이고 정서적인 느낌을 내포한 과거의 구체적 체험이다. 추억이 불러일으키는 것은 무한하고 충만한 현실성을 포함하고 있는 과거로서, 말하자면 현재화된 과거, 과거의 현재화인 것이다. 허무한 일상의 위협에 대항하여 자아의 느낌을 소생시키고 나를 둘러싼 세계를 확실하게 하려면, 순간의 가득한 현실성을 포착해야 한다. 이때 추억이 빛을 발하게 된다. 우순실이 노래한 것처럼 "잊혀져간 그날의 추억들은 지금 빗속으로 걸어가는 내겐 우산이 되"는 것이다(〈잃어버린 우산〉). 이렇게 추억을 통해서 회복한 과거는 결코 있는 그대로의 과거가 아니며 새롭게 재구성되고 창조된 과거라고 할 수 있다.

(3) 후회의 재생적인 기능

또한 발라드 노랫말에는 과거에 대한 후회와 미련이 자주 등장한다. 그때 그녀를 붙잡았더라면, 그때 아무 말도 안 했더라면 하는 후회는 사랑하는 사람이 떠나버린 현재에 무엇보다도 뼈저리게 다가오는 것이다.

지난 옛일 모두 기쁨이라고 하면서도

아픈 기억 찾아 헤매이는 건 왜일까

가슴 깊이 남은 건 때늦은 후회

덧없는 듯 쓴웃음으로 지나온 날들을 돌아보네

예전처럼 돌이킬 순 없다고 하면서도

문득문득 흐뭇함에 젖는 건 왜일까

그대로 그 나름대로 의미가 있어

세상 사람 얘기하듯이 옛 추억이란 아름다운 것

—유재하, 〈지난날〉(유재하 작사·작곡)


어두운 거리를 나 혼자 걸어가면 눈물처럼 젖어드는 슬픈 이별이

떠나간 그대 모습은 빛바랜 사진 속에서 애처롭게 눈물짓는데

지나치는 시간 속에 우연히 스쳐가듯 만났던 그댄

이젠 돌아올 수 없는 길을 떠났네

허전함에 무너진 가슴

희미한 어둠을 뚫고 떠나는 새벽 기차는 허물어진 내 마음을 함께 실었네

낯설은 거리에 내려 또다시 외로워지는 알 수 없는 내 마음이여

—다섯손가락, 〈새벽 기차〉(이두헌 작사·작곡)


　과거를 돌이켜보는 것은 누구에게나 자연스러운 일이고, 과거를 돌아보다 보면 즐거운 일보다는 후회스러운 일이 많은 듯하다. 그런데 늘 커다란 사건보다는 작은 일, 어찌 보면 하찮은 것들이 더 자주 후회의 대상이 된다. 사람으로서 도저히 해

서는 안 될 일을 저질렀다고 한다면 그것은 후회만으로 처리될 수 있는 일이 아니겠지만, 후회의 대상이 사소하다면 이야기는 달라질 것이다. 내가 왜 그때 사랑하는 그녀의 말을 좀 더 주의 깊게 받아들이지 않았을까, 왜 버스를 타고 달아나듯 가버린 그를 뒤쫓아 가지 않았을까 하는 따위의 후회라면, 그것은 인생 자체를 송두리째 재설정하지 않더라도 해볼 수 있을 것이다. 과거의 작은 결정만으로도 상황을 바꿀 수 있을 것이라 생각하기에 우리의 마음은 더욱 안타깝다.

물론 사소한 사건 또한 돌이킬 수 없는 일이라는 점에서 큰 사건과 다를 바가 없지만, 그래도 작은 후회의 대상은 마치 그때 어떻게 했더라면 바꾸어놓을 수도 있었을 거라고 생각된다. 그 당시 사랑하는 그에게 하지 못했던 말을 했었다고 해도 그 결과가 현재에 어떤 영향을 미치는 것은 아니다. 애인은 이미 사라져버리지 않았는가. '그 말을 했더라면' 하고 후회하는 것은 가버린 사랑, 가버릴 수밖에 없는 사랑을 더욱 그리워하게 만들 뿐이다.

그러나 후회 자체에 의미가 없는 것은 아니다. 그것은 가능성을 재구성함으로써 피치 못할 선택의 절실함을 느끼게 하고, 곧 인생의 한계와 그 한계로 인한 귀중함을 깨우치게 한다. 깨우침에 의해 회복된 성찰은 문학의 기본적인 정서에 가깝다. 문학은 후회처럼 삶을 있는 그대로 그리되, 그것을 사라진 가능성 속에서 일어난 필연성으로 그리기 때문이다. 그리하여 우리로 하여금 삶의 절실함을 새삼스럽게 느끼게 한다.

어쩌면 삶의 진정한 의미는 사실상 기억 속에서만 재구성되어 드러날 수 있는 것인지도 모른다. 또한 후회에서 벗어나기 위해 우리는 맹렬하게 추억을 다시 구성하려 노력 하고 있는지도 모른다. 사랑했던 한 사람을 끈질기게 기억하는 것은 사랑할 수도 있었던 다른 여러 사람을 모두 잊게 만들고, 아름다웠던 추억 하나만을 질기게 반복해서 상기하는 것은 아름다울 수 있었던 수많은 다른 추억들을 몰아내게 되기 때문이다.

이렇게 볼 때 발라드를 통해 추억을 되새기는 일은 과거를 기억 속에 버려두지 않고 새롭게 창조하려는 의지를 반영한 것일 수 있다. 풍부한 디테일에 의해 재창조된 과거는 과거를 위해 의미를 가질 뿐 아니라 오늘을 풍부하게 만들기도 한다.

한편 발라드가 불러일으키는 추억의 아름다움은, 그 추억으로 회복된 과거의 삶은, 현실을 살아가는 우리들에게 커다란 위안이 된다. 그 추억의 되새김질은, 요즈음처럼 살아 있는 것이 다행일 만큼 예기치 못한 사고가 사방에 잠재해 있고, 곳곳에 필요 이상의 비분강개가 끓어 넘치며, 늘 경쟁 과잉의 아우성에서 안간힘을 써야 하는 이 세상에서 스스로를 돌아보고 위안하는, 그럼으로써 삶을 풍요롭게 하는 것이 아닐까.

# 제 4 장

# 1980년대 발라드 이후의 경향

## 일상성으로의 확대와 뮤직 비디오 선풍

1980년대 발라드 노랫말의 가장 큰 특성이 구체성에 있다는 사실은 앞서 이미 밝힌 바와 같다. 그리고 구체성이 좋은 노랫말을 이루는 데 매우 중요한 조건이라는 것이 나의 신념이다. 그렇다면 발라드, 댄스 뮤직, 록, 리듬앤드블루스 등으로 세분화되기 시작한 1980년대 이후, 1990년대와 현재에 이르기까지 노랫말의 구체성이라는 특징은 어떻게 변모되고 있을까? 1980년대 발라드 이후 노랫말의 구체성은 다음 두 가지 측면에서 살펴볼 수 있다. 하나는 노영심→015B→김창환으로 이어지는 일상성과의 결합이고, 다른 하나는 뮤직 비디오의 등장이다.

## 1. 구체성에서 일상성으로의 확대

청바지가 잘 어울리는 여자
밥을 많이 먹어도 배 안 나오는 여자
내 얘기가 재미없어도 웃어주는 여자
난 그런 여자가 좋더라
머리에 무스를 바르지 않아도 윤기가 흐르는 여자
내 고요한 눈빛을 보면서 시력을 맞추는 여자
김치볶음밥을 잘 만드는 여자
웃을 때 목젖이 보이는 여자

내가 돈이 없을 때에도 마음 편하게 만날 수 있는 여자
—변진섭, 〈희망사항〉(노영심 작사·작곡)


맘에 안 드는 그녀에겐 계속 전화가 오고

내가 전화하는 그녀는 나를 피하려고 하고

거리엔 괜찮은 사람 많은데 소개를 받으러 나간 자리엔

어디서 이런 여자들만 나오는 거야

아 나도 이젠 다른 친구들처럼 맘에 드는 누군가를 사귀어보고
싶어

어쩌다 맘에 드는 그녀 남자친구가 있고

별로 예쁘지도 않은 그녀 괜히 콧대만 세고

거리에서 본 괜찮은 여자에게 용기를 내서 말을 걸어보면

항상 젤 못생긴 친구가 훼방을 놓지

아 나도 다른 친구들처럼 맘에 드는 누군가를 사귀어보고 싶어
—김돈규, 〈신인류의 사랑〉(정석원 작사·작곡)


난 너를 믿었던 만큼 내 친구도 믿었기에

난 아무런 부담 없이 널 내 친구에게 소개시켜줬고,

그런 만남이 있은 후부터 우리는 자주 함께 만나며

즐거운 시간을 보내며 함께 어울렸던 것뿐인데

그런 만남이 어디부터 잘못되었는지 난 알 수 없는 예감에

조금씩 빠져들고 있을 때쯤

넌 나보다 내 친구에게 관심을 더 보이며 날 조금씩 멀리하던 그
어느 날

너와 내가 심하게 다툰 그날 이후로

너와 내 친구는 연락도 없고 날 피하는 것 같아

그제서야 난 느낀 거야 모든 것이 잘못돼 있는 걸

너와 내 친구는 어느새 다정한 연인이 돼 있었지

있을 수 없는 일이라며 난 울었어

내 사랑과 우정을 모두 버려야 했기에

또 다른 내 친구는 내 어깰 두드리며 잊어버리라 했지만 잊지 못

할 것 같아.

—김건모, 〈잘못된 만남〉(김창환 작사·작곡)


위의 세 곡은 모두 당시 큰 인기를 얻었던 노래로, 젊은이들의 현실과 매우 밀착된 구체성, 아니 일상성이 그 특징이며 공통점이다. 노랫말 뒤에 그런 노랫말을 가능하게 하는 어떤 상황을 짐작하게 할 정도의 구체적 사연이 존재하는 것이 아니라, 아예 현실을 그대로 옮겨놓은 듯한 일상적인 모습이다. 〈희망사항〉, 〈신인류의 사랑〉은 현실과 밀착된 노랫말로 인해 많은 젊은이들이 공감을 느끼며 즐겨 불렀으며, 김건모-김창환 선풍을 일으킨 〈잘못된 만남〉과 〈핑계〉, 그리고 박미경이 부른 〈이유 같지 않은 이유〉도 마찬가지다.

일상성은 구체성과 긴밀한 관련을 맺고 있다. 현상과 본질, 또는 개별과 보편의 관계에서처럼 현실에 대한 인간의 인식 및 자기 인식과 관련되는 부분이다.[52] 이때의 일상성이란 우선 사람들의 개별적 삶을 매일 매일의 테두리 속에서 조직하는 것이다. 이러한 일상의 세계는 사람들에게 매우 친숙하고 낯

익은 세계로 동시대적 시공간 내에서의 체험을 매우 구체적으로 보여준다. 따라서 이 시기에 등장한 일련의 노래들은 1990년대 초 일상을 지배하던 현실 그대로인 것이다.

1990년대 초에 일상성이 유포되기 시작한 것은 비단 대중가요에 국한된 이야기는 아니다. 문학에서도 1990년대의 일상성은 매우 주요한 과제로 다루어지고 있다.[53] 문학 내부에서 계급 담론이 급격히 퇴조하면서, 탈정치적·탈역사적 담론이 그 자리를 대신하게 되고 여기에 포스트모더니즘의 영향도 작용하게 되었다. 또한 대중문화의 영향력이 강화되면서 대중문화를 통해 생산·유통되는 일상의 기호들이 사유의 영역에서 큰 부분을 차지하게 된 점도 무시할 수 없다.

그러나 1990년대 초 김건모나 박미경의 노래처럼 일상에 대한 날카로운 포착을 보여주던 노래는 이후 쉽게 발견되지 않는다. 그리고 (바람직하다고 할 수는 없지만) 랩이 일반화되면서 곡에 글자수를 맞춰야 한다는 제한이 풀리고, 하고 싶은 말을 모두 쏟아놓을 수 있게 되자 폭발하듯 쏟아지는 일상성의 노랫말은 발라드보다는 오히려 랩 쪽에서 눈에 띄게 나타난다.

## 2. 과장된 뮤직 비디오로 대체된 구체성

다른 한편으로 1990년대에는 노랫말의 구체성을 대신하는 장치로 뮤직 비디오가 성행했다. 뮤직 비디오는 전통적 내러티브를 파괴하는 것이 일반적인 속성이라고 지적되어왔다. 이른바 MTV 스타일이라고 하면 빠른 편집, 역동적인 카메라의 움직임, 종잡을 수 없는 의미 구조를 포함한 현란한 스타일의 영상물을 일컫는 것이었다. 부분적으로 서사적 이야기 구조를 도입하여 영화적 또는 내러티브적 비디오라고 분류되는 경우에도 그 이야기와 노래하는 가수 모습을 교차 편집하는 등 결국 전체적으로는 통일되지 않은 형태를 보여주는 것이 보통이었다.

이러한 일반적인 경향과 달리 우리나라의 뮤직 비디오는 특히 발라드 가요의 경우, 극화된 내용이 주류를 이루고 있다.[54] 이야기 구조를 도입한 이런 종류의 뮤직 비디오는 예외 없이 압축된 멜로 드라마의 모습을 보인다. 그 멜로 드라마에 대사는 없으며, 해당 가요의 노랫말이 대사를 대신하고 있다. 대부분의 뮤직 비디오는 5분 내외이니, 그 짧은 시간 안에 드라마의 배경이나 상황까지 설정할 여유는 없다. 극화된 뮤직 비디오의 경우, 극을 진행하면서 상황 및 배경, 캐릭터의 설정을 전달하는 동시에 가장 결정적인 클라이맥스까지 소화해내는 매우 긴박한 전개 방식을 채택한다. 결과적으로 그것들은 주제가를 동반한 드라마나 영화의 예고편을 닮게 된다.

게다가 이들 뮤직 비디오의 화면에는 노래를 부른 가수의 얼굴은 보이지 않고 그 가수보다 더욱 강력한 위력으로 화면을 장악하는 스타들만이 존재한다. 곧 화면 속의 배우와 가수는 일치하지 않고, 영화나 드라마가 갖는 구체적 내용 가운데 정서적 요소만 추려서 추상화시킨 것이 노랫말이기에, 화면 속의 구체적 상황에 비해 노랫말은 상대적으로 막연하게 들린다. 뒤집어서 말한다면, 막연한 노랫말의 내용을 스타들로 도배한 극적인 줄거리의 뮤직 비디오가 대신함으로써 시각적으로 구체성을 확보하고 있는 셈이다.

노래를 위해서 짧게 만들어진 이야기에 영상을 결합시킨 뮤직 비디오는, 영화의 예고편처럼 본편에 해당하는 이야기를 뒤에 두고 있는 것도 아니면서 마치 어딘가에 이야기의 본편이 있는 것 같은 포즈를 취한다. 실제로 이들이 음반 판매에 결정적 영향을 미치는 데는, 완전하게 구성되지 않고 마치 본래의 드라마가 따로 존재하는 듯 압축된 뮤직 비디오의 힘이 작용했다.

예를 들어, 극화된 뮤직 비디오의 유행을 부른 조성모의 〈투 헤븐〉이나 〈슬픈 영혼식〉, 〈가시나무〉, 〈아시나요〉 등을 살펴보면 그 노랫말은 매우 막연하다. 그러나 그 막연함을 극화된 뮤직 비디오가 대신하는 듯한, 즉 노랫말의 추상성을 멜로 드라마 같은 화면의 구체성이 대신하는 듯한 인상을 지울 수 없다.

> 아마 오셨을 텐데 우릴 위해 축복해줄 사람들
> 그냥 그렇게 믿어. 우리밖에 없다고 여기면 안 돼
> 이제 서약해야 해. 일생 동안 사랑하겠노라고
> 넌 대답 안 해도 돼. 내가 두 번 말하면 되니까
> 눈물 흘린 거니, 내 품에 안은 니 사진이 젖었어
> 왜 좋은 날에 울어. 너까지 이제 마지막 니 소원이었잖아

너 가는 길에 보내주려 해. 널 위한 이 반지

잃어버리지 마. 손에 꼭 쥐고 가

언젠가 니 곁에 가게 되는 날

그때 내가 너의 손에 끼울게

쓸쓸한 바람 소리 문득 들렸어

나 없이 먼 길 혼자 갈 수 있겠니

그 길에 나 데려가면 안 되니

—조성모, 〈슬픈 영혼식〉(강은경 작사·이경섭 작곡)


아시나요. 얼마나 사랑했는지 그댈 보면 자꾸 눈물이 나서

차마 그대 바라보지 못하고 외면해야 했던 나였음을

아시나요. 얼마나 기다렸는지 그대 오가는 그 길목에 숨어

저만치 가는 뒷모습이라도 마음껏 보려고 한참을 서성일 나였음을

왜 그런 얘기 못했냐고 물으신다면 가슴이 아파 아무 대답도 못 하잖아요

그저 아무것도 그댄 모른 채 지금처럼만 기억하면 돼요. 우릴 그리고 날

—조성모, 〈아시나요〉(강은경 작사·이경섭 작곡)


〈슬픈 영혼식〉의 경우, 뮤직 비디오와 노랫말에 관련이 있다고 보이는 점은 오직 죽음뿐이다. 이것만을 가지고 뮤직 비디오는 홍콩을 배경으로 한, 갱단과 한 청년, 그의 복수를 다짐하는 형과 형을 사랑하는 여자라는 드라마를 만들어낸 것이다.

지극히 관습적인 사랑 노래의 노랫말처럼 보이는 〈아시나요〉의 경우는 더하다. "그대 오가는 그 길목에 숨어 저만치 가는 뒷모습이라도 마음껏 보려고 한참을 서성인 나"라는 구절은 매우 일상적인 거리 풍경을 연상시킬 뿐이다. 그러나 잘 알려진 바와 같이 〈아시나요〉의 뮤직 비디오는 베트남전의 상황을 다루고 있으며, 특히 시작 부분에서는 전쟁의 긴장감을 고조시키려는 듯 매우 강화된 전주부가 설정되어 있다. 사실상 노랫말에서 베트남전과 연관될 수 있는 고리는 전혀 보이지 않으며, 한 병사와 여인 간의 사랑을 보여주는 장면만이 어렴풋하게 이 노래가 사랑을 다루고 있음을 암시할 따름이다.

의도가 짐작되지 않는 것은 아니다. 사랑의 아픔과 상처를 참혹한 전쟁으로까지 비유했다고 해석할 수도 있다. 그러나 이렇게까지 확장된 뮤직 비디오의 설정과 전개는 노랫말의 기표를 이해하고 설명하는 것이 아니라 오히려 노랫말과의 거리를 멀게만 한다. 상식적인 선에서 노랫말만으로는 유추할 수 없는 이러한 결과물이 왜 생겨나는 것일까?

빠르고 강력하고 노랫말과의 직접적인 관련이 쉽사리 발견되지 않는 극한적인 행위들을 뮤직 비디오 안으로 끌어들이는 까닭은 소비자의 구미에 맞는 속도감과 충격의 이미지를 불러일으키기 위함이다. 그런데 그 속도감과 충격의 강도가 결국 멜로라는 정서와 맞물리기 위한 장치라는 점에서 주목된다. 짧은 시간 안에 극중 인물이 죽음에 이르려면 가능한 한 위험한 행위에 몸을 던질 수밖에 없다. 따라서 뮤직 비디오 안에서 죽음이나, 거의 죽음에 이르게 되는 사고는 필수적인 요소가 된다. 이 죽음은 시각적으로 강렬한 효과를 주는 동시에 감정의 절정을 이룸으로써 멜로 구조 내에서의 파국이라는 효과적 기능을 달성하게 된다.

〈투 헤븐〉에서 불타는 차 안에 갇힌 김하늘의 멍한 눈빛과 그녀를 구하지 못함에 몸부림치는 이병헌의 안타까운 시선이 교차할 때, 뮤직 비디오는 절정에 이르게 된다. 죽음이라는 설정을 통해 사랑의 안타까움이라는 강한 감각적 자극을 불러일으키는 것이다. 〈슬픈 영혼식〉에서도 쓰러지는 조성모 뒤로 부서지는 거울의 파편, 해변에서 울부짖는 신현준의 절규는 강한 이미지로 시청자들에게 다가온다. 내러티브상으로 죽음이 필요한 것이 아니라 강렬한 감각의 이미지로서 죽음이 요구되며, 이런 이유에서 〈아시나요〉에서 베트남전까지 동원되는 것이다.

이렇게 뮤직 비디오의 강렬한 인상을 위해 삽입된 드라마는 노래를 설명해주는 데서 그치지 않는다. 뮤직 비디오라는 장르 자체가 노래의 부연이나 비유로서 출발했고 그런 요소가 아주 없지는 않지만(브라운 아이즈의 〈벌써 일년〉, 왁스의 〈화장을 고치고〉의 경우는 노랫말을 설명하고 노랫말의 내용을 환기시키는 쪽으로 극화되어 있다), 노래보다 더욱 압도적인 영상과 이야기로 오히려 노래를 지워버리는 경우도 적지 않다. 노랫말의 내용과 무관한 스토리 전개와 호화 캐스팅, 지나친 해외 로케와 그에 따른 스캔들 등은 비난을 받지만, 그럴수록 노래의 흥행에는 청신호가 되기 때문에 이러한 뮤직 비디오의 경향은 사라지지 않는다. 이런 현상은 다른 문화의 흐름과 무관하지 않다.

뮤직 비디오가 보여주는 극단적으로 과장된 멜로 구조는 영화와 미니시리즈의 멜로 드라마 홍수와 맥을 함께하며, 뮤직 비디오의 필수 요소인 조폭의 등장과 주인공의 죽음 역시 당대 드라마의 유행과 동일한 경향을 보여준다.

이렇게 1980년대를 넘어선 노랫말의 구체성은 양 갈래의 서로 다른 길을 향해 달리고 있다.

2004년 대중가요계를 뒤흔든 키워드는 '7080 콘서트'였다. 1970년대와 1980년대에 대한 향수는 2004년 1월 25일 KBS1 TV 〈열린 음악회〉의 설 특집 '추억의 그룹사운드' 편이 계기가 되었다. 이후로 로커스트, 샌드페블즈, 라이너스 등 1970~1980년대를 풍미했던 캠퍼스의 그룹 사운드와 구창모, 김수철 등 당대의 가수들이 출연하는 7080 콘서트는 40~50대의 열렬한 지지를 받으며 전국 공연에 이어 해외 공연을 하기에 이른다.

이른바 7080세대는 1970~1980년대 대학가요제의 출현으로 본격화된 한국 대중문화 산업의 1세대로 불린다. 이 시기는 트로트와 차별되고 팝과도 다른, 청년들만의 대중문화가 본격화된 시기였다. 그러나 정치적 억압이 심했던 당시의 대중문화는 반민족, 반민중 문화와 동일시되면서 제대로 조명되거나 향유되지 못했고 1990년대 이른바 '문화의 시대'가 도래하면서 주도권은 신세대 담론을 주도한 10대와 20대에게 넘어가 버렸다. 실제로 지난 2004년 6월 12일 상암동 월드컵 경기장에서 열린 7080 콘서트 장에서는 3만여 관객들이 〈구름과 나〉, 〈바람과 구름〉, 〈연〉 같은 대학 가요들을 목청껏 따라 불렀다. 그러나 그들의 청년기에 이 노래들이 광장에서 공개적으로 열창된 적은 없었다. 당시 대중음악은 저항적인 민중음악과 경쟁관계였고 민중음악보다 저열한 것으로 취급되었기 때문이다.[55] 따라서 최근 7080 세대가 문화 주체로 급부상하는 것은 문화적 비주도층이 되어버린 이들 세대가 젊은 시절 제대로 발휘하지 못한 문화적 욕구와 잠재력, 또는 문화적 정체성을 스스로 확인하려는 것으로 풀이된다. 그러나 이것을 때늦은 한풀이이며 과거를 추억하는 향수 이벤트에 불과하다고 비판하는 시선도 없지 않다. 그러나 이후 판명된 바와 같이, 7080콘서트는 단순히 추억을 소비하는 일회적 이벤트를 넘어서서 기성세대의 문화적 정체성을 이끌어가는 진지한 경향으로 자리잡게 되었다.

2년 전 세상을 떠난 문화 비평가 이성욱은 "1970~1980년대 한국 대중가요야말로 가장 풍성하고 아름다운 멜로디와 가사를 담은 노래의 보고"라고 말한 바 있다. 1980년대 발라드의 노랫말을 연구하고자 하는 이 책의 의도도 이런 맥락에서 찾아볼 수 있을 것이다. 뼈저리게 와 닿는 노래가 점점 사라진다는 느낌이 드는 요즘, 양인자나 박주연, 이영훈의 곡처럼 감미로우면서도 구체적으로 현실을 떠올리게 하는 노래들이 그리워진다. 본문에서 지적했던 바와 같이 1980년대 발라드의 힘은 무엇보다 노랫말의 구체성에 있었다. 그 구체성은 완전히 새로운 것이라기보다는 기존의 상투성을 바탕으로 하면서 그 상투성을 슬쩍 비껴난 구체성이라는 점에서 더욱 의미가 있다. 사랑이라는 주제의 지속과 변주, 기억과 추억의 방식이라는 측면도 사실상 구체적인 표현을 통해서 드러났기에 의미를 찾을 수 있었다.

또한, 구체성이 확보되는 데는 전문 작사가들의 활발한 활동이 큰 역할을 했다. 최근의 가요들에는 이런 작가들이 없는가 하고 찾아보던 중, 학생들이 인터넷에 올린 다음과 같은 글을 발견하게 되었다.[56] 유희열, 이승환, 김동률, 박진영, 신해철 등 다섯 사람이 만약 "여자 친구가 배가 고프다는 내용"(이건 허기일 수도 있고, 강한 욕망의 은유일 수도 있다)으로 노랫말을 꾸며낸다면 어떻게 될까 하는 내용이었다.

(유희열은 트랜디 드라마를 연상시키는 여성적인 수필 같은 어투를 구사할 것이다.)

배고프니? 너의 안색이 오늘따라 더 창백한걸.

너를 위해 향기 좋은 빵을 굽고 맛 좋은 파스타를 요리하고

루주 빛 와인을 따라주고 싶어.

하지만 난 말이야. 널 보는 것만으로도 배가 부른걸.

너의 향기에 이미 난 취했는걸.

내게 있어 넌 가장 향기로운 빵, 가장 맛있는 파스타, 가장 감미로운 와인….

너처럼 나도 너의 허기짐을 채워줄 수 있다면….


(이승환은 '환님' 특유의 심오한 듯, 유치찬란한 듯 수다를 토해낼 것이다.)

신당동 떡볶이? 장충동 족발? 아님 호텔식 뷔페?

말을 해! 내게…네가 먹고 싶은 것, 네가 배고픈 이유.

그리 꿍하게 못 먹은 듯한 불쌍한 얼굴 부담돼.

나까지 배가 고파지지. 늘 그렇지.

센 척해도 속으로는 배고프고 상처받고…너란 애 그렇지.

말 한마디면 널 위해 모든 걸 해주는 내가 있는데.

그걸 모르는 별꼴인 너. 그래서 나 아니면 안 되는 귀여운 너.


(김동률은 고전 소설에나 나옴직한 철학적 문장으로 시종일관할 것이다.)

그대 그리도 허기진가요? 창백한 안색이 못내 안쓰럽소.

비록 미천한 나이지만 그대 허락한다면 내 기꺼이 그대를 위해 손을 걷겠소.

배고픈 그대의 맘을 채울 수 없는 편협한 내 사랑이기에

그대의 굶주린 배라도 채울 수 있는 내가 되겠소.

그렇게라도 이 못난 내가 그대의 곁에 머무를 수 있다면

나 후회 없이 그리하겠소.


(박진영이라면 심의에 겨우 통과할 수 있을까 할 정도의 음담패설에 가까운 진한 말투를 사용할 것이다.)

배고파?

느껴봐 봐. 느껴봐 봐.

지금 너의 눈빛에 녹아 있는 내 모습을 느껴봐.

우린 그곳에서 처음 만났지.

니 모습에 반해 내 여자를 잊었어.

오늘밤, 너를 위해 나의 모든 것을 바칠게.

널 채워줄게. 참지 마.

(여자 내레이션) 안 돼. 안 돼. 난 참아야 돼.

괜찮아. 먹어봐 봐. 참지 말고 먹어봐.

이 달콤한 아이스크림을 내 뜨거운 사랑으로 녹여줄게.

(여자 내레이션) 안 돼. 안 돼. 난 참아야 돼.

먹어봐. 먹어봐.


(그럼, 만약에 신해철이라면…?

특유의 인생무상, 독자적인 심오함을 구사하지 않을까?)

제목: 허기에 관하여

네 배를 졸라오는 허리띠처럼 넌 배가 고프다.

네 초라한 얼굴을 보며 단 한번만이라도

배불리 먹일 수 있다아 미어ㅇㅇㅇㅇㅇ은…

침을 흘리며, 몸서리치게…

어쨌든 먹을 수 있을 때까지 먹이고 시퍼어ㅇㅇㅇ….

그러다 보면 배가 불러져 쓰러질 날이 오겠지.

하지만—

지금은 굶는 거야아아아아아아—.

아우— 지금은 굶는 거야아아아아아아아—.


　다섯 사람의 특성을 조금이라도 알고 있다면 배를 잡고 웃을 수밖에 없을 정도로 매우 재미있는 착안이다. 그러나 유쾌하게 웃는 한편으로, 가요계에서 작곡가에 비해 작사가의 작품 세계가 그다지 인정받지 못하며, 작사가로서 인정받는 경우도 작곡을 겸하는 예가 많다는 것을 떠올리게 되었다. 다른 한편으로, 비교적 자기 세계를 확연히 구축하고 있는 이들의 노래에서도 여전히 사랑의 변주라는 주제의 상투성이 드러나고 있고, 그 상투성을 살짝 벗어남으로써 상투성을 희석시키는 구체성(스파게티, 파스타, 신당동 떡볶이)과 현실적 상황을 떠올리게 하는 일상성(너라는 호칭, 반말투, 너를 위해 요리하거나 호텔 뷔페에 가는 행위), 거기에 작자 자신의 개성과 카리스마가 덧붙여졌음을 깨닫는 기회도 되었다.

앞서 지적했듯 양인자와 박건호는 그 이전까지의 구태의연함을 깨뜨렸다는 점——특히 상투성을 벗어나게 하는 구체성이라는 측면——에서, 박주연과 이영훈은 사실상 현재까지도 통용되고 있는 하나의 전범을 열어놓았다는 점에서(일상성에 가까운 상황의 구체성, 현실적인 반말투, 특히 남성화자가 여성화자에게 고백하는 듯한 설정 등의 측면) 그 의의를 찾을 수 있다.

21세기로 접어든 현재에도 발라드의 흐름은 도도히 지속되고 있으며, 이영훈은 이문세와 함께, 박주연은 성시경 등 젊은 가수들과 함께 작업을 계속하고 있다. 더불어 이수영의 〈라라라〉, 조수미의 〈나 가거든〉, 임재범의 〈너를 위해〉 등의 노랫말을 쓴 강은경, 조규찬의 〈베이비 베이비〉, 김범수의 〈보고 싶다〉, 박효신의 〈좋은 사람〉 등을 쓴 윤사라, M.C. 더 맥스의 〈잠시만 안녕〉, 김범수의 〈하루〉, 서영은의 〈혼자가 아닌 나〉 등을 작사한 채정은 등이 이들을 잇는 차세대 주자로 떠올랐다. 이들의 노랫말에 역시 새로운 점이 드러나는 반면, 과거로부터 지속되는 전형적인 면 역시 공유하는 부분이 있다. 다른 창작물과 마찬가지로, 자신의 철학에 입각해서 일정한 작품 세계를 보여주는 대중가요 작사가들의 특성이 자주 지적되고 분석되며 계열화되기를 바라는 마음이 간절해진다.

1) 남이라는 글자에 점 하나를 지우고
님이 되어 만난 사람도
님이라는 글자에 점 하나만 찍으면
도로 남이 되는 장난 같은 인생사
가슴 아픈 사연에 울고 있는 사람도
복에 겨워 웃는 사람도
점 하나에 울고 웃는다
점 하나에 울고 웃는다
아―인생

돈이라는 글자에 받침 하나 바꾸면
돌이 되어버리는 인생사
정을 주던 사람도 그 마음에 변해서
멍을 주고 가는 장난 같은 인생사
가슴 아픈 사연에 울고 있는 사람도
복에 겨워 웃는 사람도
정 때문에 울고 웃는다
멍 때문에 울고 웃는다
아―인생
― 김명애, 〈도로남〉(조운파 작사·작곡)

2) 이동진, 〈이동진의 시네마레터―'말죽거리잔혹사' 속의 노래〉,《조
선일보》(2004년 2월 29일), 55면.
3) 반야월, 황문평, 박건호, 이우용, 주철환이 쓴 글들이 여기에 속한다.

반야월,《가요야화》(세광음악출판사, 1987); 황문평,《돈도 명예도 사랑도》(무수막, 1994); 박건호,《오선지 밖으로 튀어나온 이야기》(솔바람, 1996); 이우용,《우리 대중음악 읽기》(창공사, 1996); 주철환,《숨은 노래 찾기》(문음사, 1991).

4) 강헌 외,《음악의 파장, 공명의 파장》(대학출판사, 1995); 박준흠,《이 땅에서 음악을 한다는 것은》(교보문고, 1999); 이동연,《새로운 유토피아를 꿈꾸며―'서태지와 아이들'의 음악세계》(거례, 1995); 장호연 외,《오프 더 레코드 인디 록 파일》(문학과 지성사, 1999).

5) 이노형,《한국 전통 대중가요의 연구》(울산대출판부, 1994); 강연진, 〈한국 근대 대중가요 형성 연구〉(이화여자대학교 석사학위 청구논문, 2001); 장유정, 〈일제강점기 한국 대중가요 연구―유성기 음반자료를 중심으로〉(서울대학교 박사학위 청구논문, 2004); 이영미,《한국 대중가요사》(시공사, 1998)도 이 반열에 들 수 있다.

6) 〈김탁환, 정석원 대담: 대중음악과 우리들의 시대〉,《상상》(1995년 봄), 68쪽.

7) 이영미의《한국 대중가요사》를 대표적 연구로 들 수 있다.

8)《신동아》2000년 12월 호에 실렸던 임진모의 평론 〈핑클이 야하다고? 이미자 조용필은 어떻고〉를 예로 들 수 있을 것이다. 이 글은 신세대 가요가 매우 선정적이며 직설적인 내용을 담고 있다는 견해에 대한 반박의 의미로 씌어진 글로서, 직설적이며 자극적인 내용의 노랫말은 가요 초창기부터 존재해왔다고 주장하고 있다. 지면의 특성상 좀 더 분석적인 틀의 적용이 곤란했다는 상황은 이해하지만, 인상 비평적인 성향이 강한 것은 사실이다.

9)《상상》1995년 봄 호에 실렸던 최리라의 평론 〈발라드, 영원한 사랑의 횃불〉을 예로 들 수 있는데, 임진모보다 좀 더 발전된 견해를 보이고 있다. 〈사람들은 말하지〉, 〈알려지지 않은 아라비안나이트〉를 지은 작사가인 최리라는 노랫말의 이면에 숨은 정서와 그에 대한 반응, 시대적 특성 등을 잘 지적해내고 있다.

10) 이영미,《홍남부두의 금순이는 어디로 갔을까》(황금가지, 2002),

9쪽.

11) 이 책의 제목은 대중음악 분야에서는 이미 고전으로 알려진 책 《사운드의 힘 *Sound Effect*》에서 따온 것이다.[(사이먼 프리스, 《사운드의 힘》, 권영성·김공수 옮김(한나래, 1995)] 청년 문화를 전공한 사회학자이자 비평가로 잘 알려진 프리스Simon Frith가 쓴 이 책은 신화라고까지 불리던 록을 '탈신화화' 한 최초의 본격적인 저술이라고 평가받으며, 록을 단지 음악으로서만이 아니라 록을 둘러싼 사회와의 관련 속에서 콘텍스트적contextual으로 분석했다는 점에서 주목받았다.

《사운드의 힘》에서 주로 다룬 대상이 록이라면, 내가 이 책에서 다루고자 하는 것은 발라드다. 록이 사운드로써 그 힘을 발휘했다면, 발라드는 노랫말로써 힘을 발휘했다. 즉 사운드의 힘만큼이나 노랫말의 힘도 강하고 긴요하다는 것이 이 책이 말하고자 하는 바 가운데 하나이다.

12) 스탠더드 팝 계열의 음악은 처음에는 잔잔하게 시작해서 점점 절정을 향해 나아가며, 후반부에 멜로디와 리듬을 고조시켜서 긴장을 만들고는 끝이 난다. 바브라 스트라이잰드Barbra Streisand의 〈The Way We Were〉를 연상하면 된다.

13) 박일우, 《영국의 민요와 발라드》(한양대출판부, 2003), 49~50, 59~60쪽. 문학적으로는 로망스와 모험, 동시대의 사회 문제를 다루었으며 음악적으로는 정형화된 연을 갖춘 민요 스타일로 만들어졌다고 한다.

14) 발라드 중에서도 특히 사랑을 잃은 슬픔을 노래한 것을 토치torch 송이라고 하는데, 흔히 보답 없는 사랑이나 실연의 노래로 번역된다. 토치라는 단어는 본디 타인과 감정을 나눈 경험이 한 번도 없거나, 더 이상 감정을 나눌 수 없게 된 사람을 위해서 밝혀주는 횃불이라는 뜻도 가지고 있다.

15) 이영미, 《한국 대중가요사》, 253쪽.

16) 이영미, 《한국 대중가요사》, 253~274쪽; 이우용, 《우리 대중음악 읽기》(창공사, 1996), 162~163쪽.

17) 이영미, 《흥남부두의 금순이는 어디로 갔을까》, 234쪽.

18) 이영미, 《홍남부두의 금순이는 어디로 갔을까》, 237쪽.

19) 이영미, 《홍남부두의 금순이는 어디로 갔을까》, 238쪽.

20) 이른바 발라드의 황제로 불리는 신승훈의 노래를 예로 들어보자. 최리라가 분석했듯이 그의 노래 가사의 특징은 즉흥적이고 비문법적인 연결이다. '눈물', '울다', '슬프다'라는 어휘들이 순서를 바꾸어가며 나열되어 동어반복적이다. 따라서 그의 노랫말이 품고 있는 슬픔의 정서는 노랫말에서 촉발되는 것이 아니라 느린 템포와 생래적으로 슬픔을 함유하고 있는 듯한 목소리, 그리고 특유의 창법에서 비롯된 것이라고 할 수 있다.

내가 아는 사랑은 그댈 위한 나의 마음 그리고 그대의 미소.

내가 아는 이별은 슬픔이라 생각했지. 하지만 너무나 슬퍼.

다시 울고 싶어지면 나는 그대를 생각하며 지난 추억에 빠져 있네.

—신승훈, 〈미소 속에 비친 그대〉(신승훈 작사·작곡)


보이지 않게 사랑할거야.

너무 슬퍼 눈물 보이지만

하지만 나 이렇게 슬프게 우는 것

내일이면 찾아올 그리움 때문일 거야.

—신승훈, 〈보이지 않는 사랑〉(신승훈 작사·작곡)

최리라, 〈발라드, 영원한 사랑의 횃불〉, 《상상》, 111쪽.

21) 박일우, 《영국의 민요와 발라드》, 61~62쪽. 이 책에서 박일우는 〈Fair Janet〉이라는 노래를 예로 들어 설명한다.

장면 1: 재닛의 아버지는 그녀가 프랑스 귀족과 결혼해야 한다고 말한다.

장면 2: 재닛은 연인 윌리에게 아버지의 명령에 대해 말한다.

장면 3: 윌리에게는 세 명의 여동생이 있다.

장면 4: 재닛이 윌리의 아이를 임신한다.

장면 5: 윌리는 그 아이를 그의 어머니에게 맡긴다.

장면 6: 재닛의 아버지는 억지로라도 딸을 결혼시키기 위해 프랑스 귀족과 함께 와서 그녀를 결혼식에 데려가려 한다.

이처럼 전형적인 발라드는 서정적이면서도 극적인 내용으로 되어 있는 것이 대부분이다.

22) 이에 관한 좀 더 상세한 고찰은 다음 장에서 이루어질 것이다.

23) 박건호는 1949년 강원도 원주에서 태어나 1969년 시집 《영원한 디딤돌》을 출간했고, 1972년 〈모닥불〉을 발표하면서 대중가요 작사가로 활동하기 시작했다. 1975년 〈내 곁에 있어주〉로 MBC 올해의 최고 인기 가요상을 받았고, 1982년에도 〈잊혀진 계절〉로 MBC 올해의 최고 인기상과 KBS 가요대상 작사부분 상을 수상했다. 1983년 〈아 대한민국〉으로 KBS 제1회 가사대상 금상, 1984년에는 〈풀잎 이슬〉로 KBS 제2회 가사대상 대상을 수상했고, 1985년과 1986년 방송협회 주체 아름다운 노래 대상 등을 수상했다. 〈모닥불〉, 〈내 곁에 있어주〉, 〈단발머리〉, 〈서울〉, 〈잊혀진 계절〉, 〈아 대한민국〉, 〈우린 너무 쉽게 헤어졌어요〉, 〈무정 블루스〉, 〈당신도 울고 있네요〉 등 3,000편이 넘는 곡을 작사했다. 정준형, 〈노래는 인생이고 가사는 예술이다: 작사가 박건호의 노랫말 이야기〉, 《월간 조선》(2000년 2월); 박건호, 《물빛 사랑: 시보다 아름다운 박건호의 노랫말 모음》(토우, 1999)을 참조했다.

24) 양인자는 1945년 부산에서 태어나 서라벌 예술대학 문예창작과를 졸업했다. 부산여고 1학년 재학 당시, 소설 《돌아온 미소》를 출간하면서 천재 소녀작가라는 칭송을 들으며 화려하게 데뷔했다. 1974년 《한국문학》에 단편 〈외항선〉을 발표하면서 정식으로 등단해, 《네가 잊었던 강가의 새벽》, 《강물로 흐르는 그대》, 《러브 제로》, 《재혼녀》 등의 작품집을 출간했다. 〈청춘 일기〉, 〈혼자 사는 여자〉, 〈금남의 집〉, 〈제3교실〉, 〈부부〉, 〈나의 어머니〉 등 드라마 작가로도 활동했다. 작사가로 활동하면서 〈작은 연인들〉, 〈립스틱 짙게 바르고〉 등 200여 편의 곡을 썼다. 1988년

KBS 가요대상에서 〈서울 서울 서울〉로 작사상을, 1992년 〈타타타〉로 한국노랫말연구회 노랫말 대상을 받았다.

25) 이 부분의 서술은 이영미, 《한국 대중가요사》, 253~274쪽; 이우용, 《우리 대중음악 읽기》(창공사, 1996), 162~163쪽의 견해를 참고했다.

26) 이영미의 견해가 여기에 속한다. 《한국 대중가요사》, 259쪽.

27) 이선희의 노래 중에서도 〈J에게〉는 넓은 의미의 발라드, 혹은 발라드의 전 단계로 보면서도, 〈알고 싶어요〉는 발라드로 보지 않는 것이 일반적이다.

28) 정재왈 〈인물 오디세이—제2의 작곡 작사 활동 펼치는 김희갑·양인자 부부〉, 《중앙일보》(2002년 1월 31일), 13면.

29) 주변 음악인들의 평을 들어 봐도 "작은 표현으로 가슴을 울린다" (작사가 안양자), "가장 문학적인 작사가로 비유법이 기가 막히다" (가수 강은철), "대담한 문학적 시도와 뛰어난 어휘 구사로 우리의 정서를 이끌어낸다" (작사가 김한만), "철학적이며 섬세하다" (가수 임주리) 등 양인자가 '노랫말의 고급화'를 추구했다는 점에는 이견이 없다(《월간 조선》 1999년 11월). 사실 가장 철학적이고 비유가 뛰어나다는 〈킬리만자로의 표범〉 외에도 "아침에 피었다가 저녁에 지고 마는/나팔꽃보다 짧은 사랑"(사랑=나팔꽃, 〈립스틱 짙게 바르고〉), "마른 꽃 걸린 창가에 앉아 외로움을 마셔요"(차=외로움, 〈그 겨울의 찻집〉), "내 가슴에 아름다운 냇물이 흐르네"(설렘=냇물, 〈서울 서울 서울〉), "활화산처럼 타오르는 사랑"(사랑=활화산, 〈열정〉), "어제 나는 사랑에 젖고 오늘 나는 비에 젖네"(사랑=비=외로움, 〈내 가슴에 내리는 비〉) 등 비유적 표현의 다양함은 일일이 예로 들 수 없을 정도로 많다.

30) 〈아리랑〉에서 "나를 버리고 가시는 님은 십 리도 못 가서 발병 난다"고 했을 때는 떠나는 임에 대한 저주와 원망을 나타낸다. 나를 버리고 가는 임에게 저주를 퍼붓기를 해야겠는데, 맘이 약해져서 발병 정도의 순화된 악담으로 마무리하는 것이다. 이에 비해 〈진달래꽃〉의 화자는 임을 '꽃을 환송하듯' 보내겠다고 한다. '보내겠다'는 미래형으로 되어

있으니, 떠나고 싶을 때는 막지 않겠지만 있는 동안 마음 놓고 사랑해달라는 뜻으로 보인다. 이 경우 꽃을 뿌리는 환송은 자신을 짐스럽게 여길지도 모르는 임에 대한 전략이 된다. 또한 임이 떠나는 고통을 내면화함으로써 그것을 달래보고자 하는 이인의 방식으로 보이기도 한다. 다른 한편으로는 가겠다는 사람은 내버려두는 것이 곧 붙잡아두는 최선의 방법임을 깨달은, 경험적 진실의 반영일 수도 있다. 혹은 만발한 진달래꽃 사이에서 질러보는, 낭만적인 포즈라고 볼 수도 있다. 유종호, 〈임과 집과 길〉, 《세계의 문학》(1977년 봄), 40~66쪽.

31) 박건호, 《물빛 사랑: 시보다 아름다운 박건호의 노랫말 모음》, 281~284쪽.

32) 박주연은 1961년 서울에서 태어나 1985년 우리노래 전시회 1집에서 〈그댄 왠지 달라요〉를 부르면서 가수로 데뷔했다. 1988년 자신의 독집을 내면서 노랫말을 쓰기 시작했다. 본격적으로 작사가로 데뷔한 것은 변진섭 2집 수록곡 〈너에게로 또다시〉, 〈우리의 사랑이 필요한 거죠〉를 쓰면서부터다. 현재는 홍콩에 거주하면서 작사를 계속하고 있다.

33) 이영훈은 1960년 서울에서 태어나 작곡과 작사, 음악 감독과 제작 등 음악 분야 전반에서 활동하고 있다. 대중에게 알려진 것은 1986년 이문세의 4집 음반에 수록된 〈난 아직 모르잖아요〉가 인기를 끌면서부터지만, 그 전부터 연극과 영화, 무용 음악을 담당하는 등 다양한 경력을 자랑하고 있다.

1986년 이문세 3집이 제1회 골든 디스크상을 수상한 이후, 〈사랑이 지나가면〉, 〈그녀의 웃음소리뿐〉이 실린 이문세 4집, 〈시를 위한 시〉, 〈가로수 그늘 아래 서면〉이 수록된 이문세 5집으로 골든 디스크상을 3회 연속 수상했다. 이후 현재까지 이문세와 작업을 함께 하고 있으며, 1995년 MBC 미니시리즈 〈사랑을 기억하세요〉와 영화 〈개 같은 날의 오후〉 등 드라마와 영화 음악에도 참여했다.

34) 〈신세대 여성 작사가〉, 《경향신문》(1996년 3월 23일), 27면.

35) 〈김탁환, 정석원 대담: 대중음악과 우리들의 시대〉, 《상상》(1995년 봄), 68쪽. 이영훈이 만든 이문세의 노래가 당시 전국적으로 인기를

끌면서 발라드의 대중화에 큰 기여를 했기 때문에 이영훈을 함께 다루기는 했지만, 이 글은 이영훈보다는 박주연의 작품에 좀 더 비중을 두고 서술되었다. 나는 본격적인 발라드 제1세대 작사가는 박주연이라고 생각한다.

36) 물론 앞서 분석한 양인자의 노래에도 경험과 사건으로서의 사랑이 아닌, 사랑 그 자체의 의미를 따져가는 노래가 없는 것은 아니다. 혜은이가 부른 〈열정〉을 그 예로 들 수 있다.

이 노래는 단순하게 '나는 당신을 원해요' 혹은 '나는 당신을 사랑해요'가 아니라, 내가 원하는 사랑의 형태를 '~은 아니고, ~도 아니고 바로 이런 사랑'이라는 식으로 매우 구체적으로 나열하고 있다. 곧 사랑이란 무엇인가를 보여주는 노래라고 할 수 있다.

37) 강위규, 〈관용 표현의 개념과 성립 요건〉,《한글》, 209호(한글학회, 1990). 이 논문에서 강의규는 관용적인 표현의 개념을 '말하는 사람이 특정 상황에서 경험한 내용을 구체적으로 전달하기 위해 지금까지 사용해온 일반적인 표현과는 다른 형식을 빌려 표현한 형태가 그 언어 사회에서 대중성을 얻어 익은 형태로 통용된다는 것'이라고 설명하고, 관용 표현이 성립되기 위해서는 다른 형식을 빌려 쓴다는 점에서 차용성, 이에 대응되는 일반적 표현이 존재한다는 점에서 동의성, 은유적인 표현에서 비롯된다는 점에서 은유성의 특징을 지녀야 하고, 아울러 고정된 형태가 대중성을 얻어 익은 형태로 통용된다는 점에서 대중성과 고정성의 특징을 지녀야 한다고 밝혔다. 상투적 표현을 관용 표현의 한 갈래로 본다면 위의 다섯 가지 특성을 모두 충족시켜야 한다.

38) 양영희, 〈관용 표현의 의미 구현 양상〉,《국어학》, 26호(국어학회, 1995).

39) 이상은·최승애, 〈한국어의 상투적 표현 연구〉(연세대 석사 학위논문, 1997)에 제시된 상투적 표현 목록의 일부를 원용했다.

40) 이영미,《한국 대중가요사》, 146쪽.

41) 뤼스 아모시·안 에르슈베르 피에르,《상투어》, 조성애 옮김(동문선, 2001). 이 책은 발라드에 나타난 상투적 표현들이 단순히 진부하기

짝이 없는 허섭스레기가 아니라, 표현적·사회적으로 의미가 있음을 이해하는 데 커다란 도움이 되었다.

42) 부르디외는 예술 생산의 장을 제한 생산의 장과 대량 생산의 장으로 구별했다. 제한 생산의 장은 소수의 동료 예술가, 지식인을 대상으로 삼는 예술 텍스트 생산 방식을 말한다. 제한 생산의 장을 타깃으로 삼는 예술 생산자들은 경제적 이익보다는 동료 예술가들이나 지식인들의 인정, 즉 명예라는 상징자본을 획득하고자 한다. 이것은 전통적인 모더니즘 예술가들의 전략이기도 하다. 반면 대량 생산의 장은 대중예술의 생산 방식으로, 더 많은 경제적 이익을 위해 더 많은 대중들을 타깃으로 삼는다. 피에르 부르디외, 《예술의 규칙: 문학 장의 기원과 구조》, 하태환 옮김(동문선, 1999).

43) 움베르토 에코, 《대중의 영웅》, 조형준 옮김(새물결, 1994), 157~211쪽.

44) 뤼스 아모시·안 에르슈베르 피에르, 《상투어》에서 월터 리프먼의 〈여론〉(1922) 가운데 일부를 인용한 것을 참고했다. 44~45쪽.

45) 임희섭, 《한국의 사회 변동과 가치관》(나남출판, 1994); 이지연, 〈한국 대중가요에 나타난 낭만적 사랑〉(이화여대 석사 학위논문, 2002); 김모란, 〈성, 사랑, 혼인〉, 《가족과 한국사회》(경문사, 2001).

46) 사이먼 프리스, 《사운드의 힘》, 18~30쪽.

47) 이지연, 〈한국 대중가요에 나타난 낭만적 사랑〉, 29쪽. 이 논문에서 제시한 표에 의하면 1950년대까지는 청춘남녀의 사랑에 관련된 제재보다는 기타 제재가 59.4~62.7%로 훨씬 높은 비율을 차지하고 있었으나, 1960년대에 들어서면서 남녀 간의 사랑을 제재로 하는 경우가 63.9%로 증가했고, 이는 지금까지 계속되고 있다.

48) 신파에 관해서는 숱한 논란이 있어 이 자리에서 충분하게 설명하기 어렵다. 다만 일제시대 때 비롯된 극 양식으로 주인공의 이율배반적인 행위와 관념, 현실의 전횡성에 압도당하고 있는 비주체적 자아의 분열적 상실, 그 결과 발생한 피해의식과 죄의식의 복합으로서의 자학적 감정, 이러한 감정의 해소적 위안으로서 눈물 등을 특징으로 한다. 이

러한 신파적 특징은 당시의 영화, 연극, 소설뿐 아니라 가요의 트로트적인 노래에서도 발견할 수 있다. 강영희, 〈일제강점기 신파양식에 대한 연구〉(서울대 석사 학위논문, 1989); 이영미, 《한국 대중가요사》, 70쪽.

49) 이영미, 《한국 대중가요사》, 72쪽.

50) 1970년대 중반에 이르면 대학생들의 90% 이상이 데이트 경험이 있고, 결혼도 중매보다는 연애를 통해 본인의 결정에 따라 하려는 경향이 높아진다고 한다. 이현송, 〈배우자 선택과정의 변화와 결정요인〉, 《가족학논집》 9(한국가족학회, 1997), 14쪽.

51) 기억과 회상에 관한 부분은 유종호, 《다시 읽는 한국시인》(문학동네, 2002) 중 백석의 시를 해석하는 방법으로서 기억과 그 회상의 의미를 밝히는 데에서 많은 도움을 받았다.

52) 카렐 코지크, 《구체성의 변증법》, 박정호 옮김(거름, 1984).

53) 한수영, 〈1990년대 문학의 일상성〉, 《소설과 일상성》(소명, 2000)을 참조하라.

54) 정우숙, 〈한국 뮤직 비디오의 극화 방식에 대한 소고〉, 《이화어문논집》, 21집(이화어문학회, 2003), 190~191쪽.

55) 양성희, 〈7080—잊혀진 '문화 고리' 찾기 대반란〉, 《문화일보》(2004년 6월 15일), 23면.

56) 인터넷에서 떠돌아다니는 글들 대부분이 그렇듯 이 글 역시 출처를 알기가 어렵다. 또한 여기 제시된 것과 비슷하지만 다른 내용도 존재한다.

강헌 외, 《음악의 파장, 공명의 파장》(대학출판사, 1995)

크리스천 아카데미에서 주최한 '정보화 사회를 향한 문화정책 포럼' 가운데 한 분야로, 정보화 사회에 있어 대중음악의 기능과 전망을 다룬 책이다. 강헌, 박성봉, 안정숙, 이성욱, 이영미, 임진모 등이 참여하여, 대중음악을 과연 어떻게 바라볼 것인가, 가요라는 용어가 가진 문제점은 무엇인가, 통속성의 긍정적 측면은 어떤 것인가, 우리 대중음악의 환경과 유통 상황은 어떠한가, 좋은 노래란 과연 어떤 노래인가 등에 대해 논의하는 〈종합토론〉이 흥미롭다. 한 자리에 모이기 어려운 여러 직종에 있는 사람들의 견해와 시각의 차이를 엿볼 수 있다.

박일우, 《영국의 민요와 발라드》(한양대 출판부, 2003)

런던대에서 공부한 저자가 영국을 중심으로 발달한 발라드의 역사를 다루었다. 현재 우리에게 친숙한 영미권의 대중음악은 일정 부분 영국의 전통음악에 그 뿌리를 두고 있다는 점을 고려할 때, 의미가 있는 연구라고 본다. 특히 2장에서 다룬 발라드의 기원과 역사, 5장에서 다룬 포크 리바이벌folk revival 운동과 현대의 민요 가수 부분은 우리 대중가요사를 연구하는 데도 시사하는 바가 크다.

브라이언 롱허스트, 《대중음악과 사회》, 이호준 옮김(예영 커뮤니케이션, 1999)

대중음악이 어떻게 생산되어 텍스트로 구성되며, 청중에게 이해되고 사용되는지를 꼼꼼히 다루었다. 아도르노Theodor Adorno를 인용한 비평의 틀, 하위문화와 대중음악의 관계 같은 이론적인 내용과 함께 1960년대에서 1990년대에 이르는 대중음악 발달사, 가수 마돈나의 문화적 의미, 흑인 음악에 대한 세밀한 분류, 음반 산업의 현황과 같은 실제적인 자료를 포함하고 있기 때문에 이해하기 쉽다. 대중음악의 이론적 연구뿐 아니라 문화 사회학·문화 연구·미디어와 커뮤니케이션에 관심이 있는 사람들에게 참고서가 될 수 있을 것이다.

사이먼 프리스, 《사운드의 힘》, 권영성·김광수 옮김(한나래, 1995)

미국 대중문화 중에서 록 음악만큼 넓고 깊게 세계를 지배한 문화 양식은 없을 것이다. 그럼에도 불구하고 이에 관한 비평적 작업은 거의 없다시피 했다고 해도 과언이 아니다. 최초의 체계적인 록 연구서인 이 책은, 록 음악을 자본의 논리가 팽배한 문화 형식으로든 진보성으로 관철된 청년문화 쪽으로든 그 어느 쪽으로 정의하려는 이분법적 사고에 반대하며, 록 음악을 '의미를 둘러싼 치열한 투쟁의 장'이라고 재구성한다. 록 음악에 대해 본격적으로 공부해보고 싶은 사람이나 대중음악을 어떻게 학문의 장으로 끌어들일 것인가를 고민하는 이에게 권하고 싶은 책이다.

이영미, 《한국 대중가요사》(시공사, 1998); 《흥남부두의 금순이는 어디로 갔을까》(황금가지, 2002)

《한국 대중가요사》는 누가 뭐라 해도 한국 대중가요의 역사를 본격적으로 서술한 이 분야의 독보적인 책이다. 일제 강점기 가요의 발생을 다룬 전반부가 무겁고 이론적인 데 비해 최근의 경향을 다룬 후반부가 힘이 달린다는 평을 듣고 있지만, 그것은 당시의 노래가 갖고 있던 특성을 반영했기 때문이지 서술상의 문제는 아닌 듯하다. 풍부한 예시, 곡조와 노랫말을 아우른 비평, 사적인 연구를 통괄하는 일관된 시선 등 이 책이 가진 장점은 많다. 다만 '대중' 가요를 지나치게 '사회적인' 의미로만 해석하려 한 점은 아쉽다. 《흥남부두의 금순이는 어디로 갔을까》는 일반 독자를 대상으로 하여 앞의 책보다 쉽게 쓴 책이다. 〈윤심덕은 음치였다〉에서부터 〈쌍팔년 도식 사랑? 촌스럽게〉에 이르기까지 소제목들도 재미있는데, 대중가요사를 훑어 내려가되 좀 더 경쾌한 맛으로 즐길 수 있다.

임진모, 《우리 대중음악의 큰 별들》(민미디어, 2002)

신중현에서 윤도현까지, 그야말로 기라성 같은 우리 대중음악의 스타들을 인터뷰 형식으로 담은 책이다. 인터뷰라는 글의 양식을 최대한 살려, 비평가 자신의 생각만으로 가수를 재단하려 한다든가, 가수가 스스로에게 도취하여 자신의 음악세계를 고집하는, 양쪽 모두의 위험에서 벗어날 수 있었다. 좀처럼 인터뷰를 하지 않는 이병우, '자기 자신을 정확하게 파악해야 한다'는 것을 강조한 패티 김의 인터뷰가 인상적이다.

정태춘 《시인의 마을: 정태춘 노래 모음집》(성음사, 1985); 김창남 편, 《김민기》(한울, 1986); 박건호, 《물빛 사랑》(토우, 1999)

　정태춘, 김민기, 박건호의 노랫말을 모아놓은 책들로 자료집으로서의 의미가 있다. 《시인의 마을: 정태춘 노래 모음집》은 노랫말을 먼저 수록하고 뒤에 악보를 첨부했으며, 《김민기》는 악보를, 《물빛 사랑》은 노랫말만을 수록했다. 세 권 모두 세 사람의 작품 세계를 한눈에 열람할 수 있다는 장점이 있다. 특히 《물빛 사랑》에는 박건호 자신의 작사관을 간략하게 덧붙였다.

# 노랫말의 힘, 추억과 상투성의 변주

초판 1쇄 발행 2005년 3월 10일
초판 3쇄 발행 2010년 4월 25일
개정 1판 1쇄 발행 2022년 11월 15일

지은이 김수경

펴낸이 김현태
펴낸곳 책세상
등록 1975년 5월 21일 제2017-000226호
주소 서울시 마포구 잔다리로 62-1, 3층(04031)
전화 02-704-1251
팩스 02-719-1258
이메일 editor@chaeksesang.com
광고·제휴 문의 creator@chaeksesang.com
홈페이지 chaeksesang.com
페이스북 /chaeksesang  트위터 @chaeksesang
인스타그램 @chaeksesang  네이버포스트 bkworldpub

ISBN 979-11-5931-716-3 04080
     979-11-5931-400-1 (세트)